Landesanstalt Preussische Geologische

Abhandlungen zur geologischen Spezialkarte von Preussen

und den Thüringischen Staaten - 7. Heft

Landesanstalt Preussische Geologische

Abhandlungen zur geologischen Spezialkarte von Preussen
und den Thüringischen Staaten - 7. Heft

ISBN/EAN: 9783744681407

Hergestellt in Europa, USA, Kanada, Australien, Japan

Cover: Foto ©ninafisch / pixelio.de

Weitere Bücher finden Sie auf **www.hansebooks.com**

Die
Braunkohlen - Lagerstätten

am Meisner, am Hirschberg und am Stellberg

mit besonderer Berücksichtigung

der Durchbruchs- und Contact-Einwirkungen, welche die Basalte
auf die Braunkohlenflötze ausgeübt haben

von

A. Uthemann,
Bergassessor.

Herausgegeben

von

der Königlich Preussischen geologischen Landesanstalt.

Mit 3 Tafeln und 10 Textfiguren.

BERLIN.

In Commission bei der Simon Schropp'schen Hof-Landkartenhandlung.

(J. H. Neumann.)

1892.

Einleitung.

———

Eine beträchtliche Anzahl der niederhessischen Braunkohlenlagerstätten in ihrer derzeitigen Gestaltung hängt eng zusammen mit dem Vorkommen von Basalten. Diese haben die Braunkohlen durch Ueberdeckung vor der Erosion geschützt und im Contact durch ihre Gluthitze verändert.

Die vorliegende Arbeit behandelt die drei bedeutendsten dieser »Edelkohlen«-Vorkommen, das am Meisner bei Allendorf, am Hirschberg bei Grossalmerode und am Stellberg bei Wattenbach.

Der Meisner hat von jeher als »merkwürdiges Basalt- und Steinkohlen-Gebirge« Mineralogen und Geologen beschäftigt. Die Ueberlagerung und Umwandlung seines Kohlenflötzes durch die mächtige Basaltdecke bildeten s. Z. ein Hauptstreitobject zwischen Neptunisten und Plutonisten.

Auch das in der Nähe des Meisners, unter dem Basaltgipfel des Hirschbergs liegende Braunkohlenvorkommen ist verschiedentlich beschrieben worden. Die Kohlenlagerstätte am Stellberg, gegenwärtig das bedeutendste und edelste der drei Vorkommen, dürfte weniger bekannt sein, da sie erst seit verhältnissmässig kurzer Zeit aufgeschlossen worden ist.

I. Theil.

Die geognostischen und Lagerungs-Verhältnisse.

A. Die Braunkohlenlagerstätte am Meisner.

Das Tertiärvorkommen des Meisners liegt ca. 8 ^{km} südwestlich Allendorf a. d. Werra in einer Meereshöhe von über 700 ^{m}, 600 ^{m} über dem Spiegel der Werra.

Die Unterlage des Tertiärs bilden die unteren Glieder der Trias, und zwar der Obere Buntsandstein, über welchem im nördlichen Theile des Berges der Untere Muschelkalk liegt.

Darüber lagern die Tertiärschichten in wenig mannigfaltiger Ausbildung und zwischen 20 und 80 ^{m} schwankender Mächtigkeit. Letztere nimmt von Westen nach Osten zu (siehe Profil EF).

Das Tertiär besteht aus Letten und Sanden in wechselnder Reihenfolge; über diesen liegt das Kohlenlager. Im Norden überwiegen blaugraue Letten mit Schaumgypseinlagerungen. Im Süden herrschen Sande vor, welche als Triebsand auftreten. Eine 1 bis 2 ^{m} mächtige Triebsandschicht bildet das Liegende des Kohlenlagers; auf der Grenze treten Quarzite, gewöhnlich in einzelnen Blöcken und Knauern, seltener in einer zusammenhängenden Schicht, auf.

Das Kohlenlager besitzt eine Mächtigkeit bis zu 30 ^{m}. Es ist im Norden, im sogenannten Bransröder Revier, vollkommen rein. Nach Süden, jenseits des schmalen Hölzchens, schieben sich verschiedene Lettenmittel ein. Südlich des Schwalbenthaler Stollns nimmt die Kohlenmächtigkeit auf Kosten der Lettenzwischenlager immer mehr ab, die Kohle selbst wird unreiner, bis unter dem südlichen Theile des Meisners, dem Rebbes, die Kohlen ganz verschwinden, und an ihre Stelle ein schwarzer bituminöser Sand mit Kohlenschmitzen von wenigen Millimetern Stärke tritt [1]).

Für den nördlichen Theil der Tertiärablagerungen, im Brausröder Revier, gilt von unten nach oben folgendes Durchschnitts-Profil:

1. Blaugraue Letten mit Schaum-
   gyps [2]) . . . . 20 — 70 ᵐ
2. Triebsand . . . . 0,2 — 3 ᵐ
3. Quarzit . . . . 1 — 2 ᵐ
4. Kohlenlager . . . . 8 — 30 ᵐ.

Für den mittleren Theil, das Schwalbenthaler Revier, giebt C. Ey jun. [3]) nachstehende Schichtenfolge an:

1. Grauer, blauer und graulich-
   gelber Thon mit Schaumkalk
   [= Gyps] [4]) . . . . . . 20 — 25 ᵐ
2. Triebsand . . . . 0,8 — 3 ᵐ
3. Quarzit . . . . 0 — 1 ᵐ

---

[1]) Man hat sich dieser Thatsache lange entschlagen wollen und bis in die neueste Zeit das Vorhandensein des Kohlenlagers auch für den südlichen Theil des Meisners, in einer sogenannten »Fürbacher Mulde« angenommen. Zur Aufschliessung derselben sind im 17. und 18. Jahrhundert zwei lange Stolln mit Wetterstolln südlich des Schwarzwassers (früher Fürbach oder Vierbach) bis an den Basalt aufgefahren und an diesem entlang streichend in bituminösem Sande ausgerichtet worden, ohne dass sich darin, wie das über den alten Vierbachstolln in den Akten enthaltene Protokoll von 1676 sagt, »etwas anderes als schwarzer steinharter Sand gefunden habe, da hier und da ein kleiner Strich Kohlen, ungefähr eines Messerrückens, auch wohl eines kleinen Fingers Dicke, zu sehen gewesen«. Die Aufschlüsse, welche durch die in den letzten Jahren um die Südspitze des Meisners herum von Hausen nach Schwalbenthal angelegte Kaiserstrasse (fehlt auf der Karte) gemacht worden sind, haben dies Ergebniss auch für das Ausgehende des Tertiärs bestätigt.

[2]) Vielleicht zum Theil noch dem Röth zugehörig.

[3]) Hauptgrundriss des fiskalischen Braunkohlen-Bergwerks am Meisner.

[4]) Siehe die Anmerkung [2]).

1 *

4. Das Kohlenlager:

a) Braunkohle	. . . .	1 —	2,5 m
b) Lettenmittel	. . .	0 —	4,75 m
c) Braunkohle	. . . .	0,4 —	2,0 m
d) Lettenmittel	. . .	0 —	0,6 m
e) Braunkohle	. . . .	0,4 —	2,0 m
f) Lettenmittel	. . .	0 —	0,6 m
g) Braunkohle	. . .	8 —	21,0 m
h) Lettenmittel	. . .	0 —	11,5 m
i) Braun- und Schwarz-			
kohle	. . . .	0 —	5,4 m

Gesammtmächtigkeit 9,8 — 32,9 m Kohle

0 — 17,45 m Letten.

Das Kohlenlager besteht hier aus zwei oberen Hauptpartien, unterhalb welcher ein mannigfacher Wechsel von schwachen Letten- und Kohlen-Mitteln eintritt.

Die Braunkohle des Meisners ist im allgemeinen von erdiger und lockerer Beschaffenheit, porös und stark hygroskopisch, in Folge dessen sie beim Lagern an der Luft bald aufreisst und zerfällt.

Holzige Bestandtheile sind verhältnissmässig selten; im Bransröder Revier, nur im geringeren Maasse auch im Schwalbenthaler Revier, treten grössere Partien von Stamm- und Astresten an der oberen Grenze sowie an der Sohle des Lagers auf. An letzterer Stelle bilden sie in einer Mächtigkeit von 0,2 — 1 m eine verworrene, lignitische, mit Thon durchsetzte, stellenweise auch mit Kieselsäure infiltrirte Masse, das sogenannte Stockwerk.

Ueber dem Braunkohlenlager, gewöhnlich allmählich in dasselbe übergehend, aber auch stellenweise scharf davon gesondert, folgt der »Schwühl«, ein 0,3 — 1,5 m, im Schwalbenthaler Revier bis 3 m mächtiger, durch die Einwirkungen des Basalergusses veränderter Kohle-haltiger Thon [1]. Er wird überlagert von der Basaltdecke des Meisners.

---

[1] Ob die kohligen Bestandtheile primärer Natur, oder Destillationsprodukte des Kohlenlagers sind, muss dahin gestellt bleiben.

Zur Bestimmung der geologischen Stellung des Meisner-Tertiärs sind bisher ausreichende Anhaltspunkte nicht gegeben. Es entspricht wahrscheinlich den oberen Schichten der Hirschberger tertiären Süsswasserablagerungen [1]).

Lagerungsverhältnisse.

Die Tertiärschichten dürften ursprünglich in einer langgestreckten Mulde, deren Hauptausdehnung mit der Längsaxe des jetzigen Meisners zusammenfiel, zur Ablagerung gekommen sein. Diese Mulde wird durch zwei südost-nordwestlich streichende Schichtenaufbiegungen unterbrochen. Die eine derselben verläuft zwischen dem Schmalen Hölzchen und dem Laudenbacher Hohl; sie ist in den nordwestlich der Calbe gelegenen Buntsandstein-Brüchen zu verfolgen, sowie durch die Grubenbaue am schmalen Hölzchen und westlich der Calbe festgestellt worden. Die andere, deren Vorhandensein durch die Schwalbenthaler Grubenbaue sowie durch Bohrlöcher auf dem Plateau nachgewiesen worden ist, findet sich südlich der Strasse vom Viehhaus nach Schwalbenthal.

Durch das Auftreten dieser beiden Schichtensättel entstehen drei getrennte Tertiärmulden, von denen die nördliche unter der Casselkuppe, die mittlere unter dem Braunshohl und dem Bruch, die südliche unter dem Rebbes liegt. In der ersten gehen die Baue des Bransröder Reviers, in der zweiten gingen bis vor Kurzem diejenigen des Schwalbenthaler Reviers um.

Diese drei Mulden bilden die ursächliche Unterlage für die gegenwärtige Oberflächengestalt des Meisners. Letzterer stellt sich als eine langgestreckte, ebene, an den Rändern steil abfallende Hochfläche dar, welche an zwei Stellen, nämlich dort wo im Bereich der Sattellinien die Basaltdecke die geringste Mächtigkeit besitzt und der Erosion verhältnissmässig leichteren Angriff bietet (vergl. Profil AB), durch die buchtförmigen Thalmulden des Schmalen Hölzchens und des Laudenbacher Hohls einerseits und

---

[1]) Vergl. S. 19 und Beyschlag, Erläuterungen zu Blatt Grossalmerode der geol. Specialkarte von Preussen etc.

anderseits durch das Schwarzwasserthal und die zwischen Braunshohl und Rebbes befindliche Depression eingeschnürt wird. Von
den Rändern der entstehenden drei Bergabschnitte aus fallen die
Gebirgsschichten fast überall nach dem Berge hin ein.

Die vorgeschilderten Lagerungsverhältnisse wurden beeinflusst
durch den breiten Gebirgsbruch, welcher in nordöstlicher
Richtung von Altmorschen an der Fulda über Lichtenau bis
Eichenberg streicht und von hier aus in nördlicher Richtung
bis Göttingen weiter verläuft [1]).

Dieser Gebirgsbruch setzt an der Westseite des Meisners
zwischen Velmeden und Trubenhausen durch [2]); in seinem Bereich
sind die Glieder der Trias eingesunken, sodass dieselben jetzt, in
dem breiten und tiefen Thal zwischen Meisner und Hirschberg
zu Tage anstehend, in ein Erosionsniveau mit den tieferen
Schichten gerückt erscheinen.

Die östlichen Grenzsprünge der grabenartig ausgebildeten
Verwerfung haben die Gebirgsschichten des jetzigen Meisners
betroffen. Ihre Spalten scheinen zugleich den Weg für die basaltischen Ausbrüche abgegeben zu haben, welche die tertiären
Ablagerungen dieses Berges überdeckt und damit erhalten haben [3]).

Von der gewaltigen Basaltdecke des Meisners sind zwei
Partien abzusondern und als Gänge aufzufassen. Das Streichen
derselben weicht von dem Generalstreichen des Gebirgsbruchs um
circa 45⁰ gegen Norden, bezw. Nordwesten ab.

Der westlichere dieser Basaltgänge zieht sich von
den Seesteinen aus, nördlich welchen Punktes sein früherer Zusammenhang mit der östlich gelegenen Basaltdecke des Meisners
unterbrochen wird, zunächst in nordwestlicher, dann in nördlicher
Richtung zur Kitzkammer. Seine Breite beträgt bis 100 ᵐ. An

---

[1]) Möstא, das Liasvorkommen bei Eichenberg; im Jahrbuch der geologischon
Landesanstalt für 1883, S. 57 ff.
[2]) Vergl. Blatt Allendorf und Grossalmerode der geol. Specialkarte von
Preussen etc.
[3]) Beyschlag, Erläuterungen zu Blatt Allendorf der geol. Specialkarte etc.
Seite 50.

ihm entlang sind westlich die Gebirgsschichten abgesunken. (Vergl.
Profil CD auf Taf. I.)

Der Erosion gegenüber widerstandsfähiger als das Nebengestein, bildet er stellenweise eine breite Mauer, welche an der Kitzkammer (s. Fig. 1) die Höhe von 30^m erreicht. Der Basalt hat sich in Säulen abgesondert, welche zumeist horizontal, aber verschiedentlich auch bis zu 50^0 geneigt liegen und durch senkrechte, dem Gangstreichen parallele Absonderungsflächen getheilt werden.

Fig. 1.
Die Kitzkammer.

Der zweite, in nördlicher Richtung streichende Basaltgang, dessen Gangnatur allerdings nicht zweifellos sicher bewiesen werden kann, ist durch den Bergbau im Bransröder Revier bekannt geworden. Er bildet hier, mit 80^0 östlich einfallend, den östlichen Abschluss der sogenannten Bransröder Mulde [1].

[1] Ob jenseits dieses angenommenen Ganges unter der Basaltdecke das Kohlenlager fortsetzt, und hier der verschiedentlich vermuthete und durch bergmännische Arbeiten vergeblich aufgesuchte Ostflügel der sogenannten Bransröder Mulde vorhanden ist, erscheint nach den bisherigen Aufschlüssen zweifelhaft. (Vergl. Profil EF.)

Die nördliche Fortsetzung des Ganges wäre über Tage in
dem an der Nordspitze des Meisners tief abwärts reichenden Ausgehenden des Basalts zu suchen.

Südlich an den Basaltgang anschliessend ist vom Friedrichsstolln aus mit einer ansteigenden Strecke in östlicher und nördlicher Richtung und durch den auf dem Kohlenlager getriebenen
Abbau auch in westlicher und südlicher Richtung ein die Tertiärschichten verdrängendes, pilzförmiges Basaltstück umfahren und
späterhin durch den verlängerten Friedrichsstolln auch durchfahren
worden. Lange Zeit hielt man diesen Theil für den ursprünglichen, trichterförmigen Schlund, aus welchem die Basalte auf-
gestiegen wären; BEYSCHLAG [1]) spricht ihn für eine Depression
der Basaltdecke (einen sogenannten Rücken) an; der Verfasser
hält ihn für eine Fortsetzung des wie vorerwähnt angenommenen
Ganges [2]).

In den Gangspalten sind die Basalte emporgestiegen und
haben sich von ihnen aus über die angrenzenden sedimentären
Schichten ergossen.

Die vordringenden Lavamassen haben die nachgiebige tertiäre
Unterlage stellenweise wellenförmig verdrückt; vorzugsweise ist
dies im Schwalbenthaler Revier der Fall, wo plastische Thone
vorherrschen, sodass hier das Kohlenlager verschiedentlich gänzlich verschwindet [3]). Dabei hat die Gluthitze des Lavastromes den
berührten Tertiärschichten ihr jetziges Gepräge aufgedrückt.

Die Basalte sind Feldspath-Basalte [4]). Unter Tage und an

---

[1]) a. a. O. S. 49.

[2]) Das Nähere ist aus Taf. I, insonderheit aus dem Profil EF zu ersehen; in
letzterem ist die Frage, ob Rücken, ob Gang, offen gelassen, und sind lediglich die
durch den Bergbau erhaltenen Anhaltspunkte geometrisch genau eingetragen.

[3]) Die in nebenstehender Fig. 2 dargestellten Verhältnisse dürften auf die angegebene Weise, und nicht als Wirkung vorgängiger Erosion zu erklären sein. An
den weniger mächtigen Stellen des Kohlenlagers liegt nämlich ausweislich der alten
Risse — die Grubenabtheilung Schwalbenthal ist zur Zeit nicht mehr in Betrieb — nicht etwa ein Fehlen der hangenderen Schichten des Kohlenlagers
vor, sondern eine gleichmässige Verschmälerung der einzelnen Kohlen- und Letten-
Mittel, d. i. eine Verdrückung derselben.

[4]) BEYSCHLAG, Erläuterungen zu Blatt Allendorf etc. S. 43.

Fig. 2.

Lagerungsverhältnisse eines Theiles der Schwalbenthaler Mulde. 1 : 5000.

Die Horizontalen —— für das Hangende, - - - für das Liegende des Kohlenlagers, geben die Höhen in Metern über der Sohle des Schwalbenthaler Stollns bei dem 1. Kreuzgewölbe an.

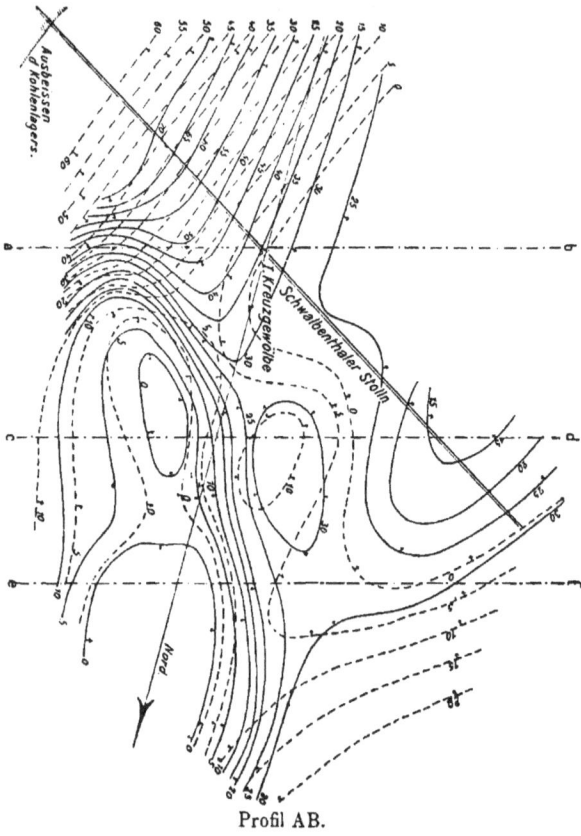

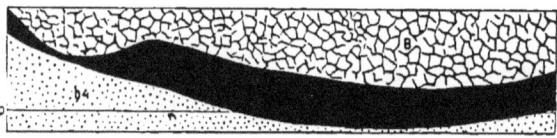

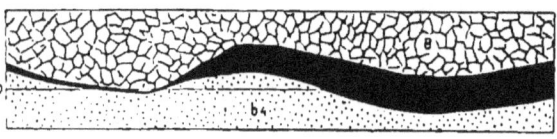

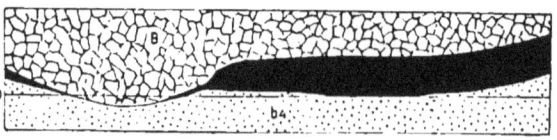

Profil AB.

Profil CD.

Profil EF.

Kohle.   Basalt.   Tertiärer Sand u. Letton.

0 = Sohle des Schwalbenthaler Stollns am 1. Kreuzgewölbe.

den unteren Grenzen der Steilränder findet sich ausschliesslich dichter Basalt. Seine Färbung ist schwarzgrün. In der Mitte des mit dem Friedrichsstolln durchfahrenen sogenannten Basaltstocks treten gefleckte Basalte auf [1]). Dieselbe Basaltart findet sich im Schwalbenthaler Revier und scheint hier eine Verwitterungs-erscheinung darzustellen. Nach dem Gipfel des Berges hin geht der dichte Basalt allmählich in doleritischen Basalt über. Die ein-zelnen Uebergänge waren u. a. an der im Jahre 1887 durch Schürfversuche freigelegten Wand unter dem Lusthäuschen zu verfolgen. Auf dem Plateau findet sich nur Dolerit.

Von dem ursprünglichen Basaltergusse dürfte die Basalt-decke des Meisners nur ein verhältnissmässig geringes Ueber-bleibsel sein. Den grösseren Theil hat die Erosion zerstört. Wenn man der Annahme beitritt, dass der jetzt den Gipfel des Berges zusammensetzende Dolerit in der Mitte des ursprüng-lichen Ergusses erstarrt ist [2]), so hat letzterer mindestens die doppelte Mächtigkeit besessen, als die jetzige, bis 150 m starke Basaltdecke.

Durch Wegführung der weniger widerstandsfähigen Tertiär-schichten wird diese Decke unterhöhlt und bricht in grossen Schollen ab; letztere umziehen als eine Kette von Schutthügeln den Rand des Meisners. Die bedeutendsten sind die Kalbe und der Altarstein [3]).

Die Grenze der festen Basaltdecke bilden steile Abfälle, deren Intensität mit der Mächtigkeit der ersteren zusammen-hängt.

---

[1]) MÖSTA, Geol. Schilderung der Gegend zwischen dem Meisner und dem Hirschberg, Inaugural-Dissertation, Marburg 1867. S. 31.

[2]) BEYSCHLAG, a. a O. S. 42.

[3]) Die Schuttkegel bereiten dem Bergbau eine Hauptschwierigkeit, indem einzelne Stolln bis 100 m und darüber in Basaltgeröll aufgefahren werden mussten.

Anhang.

Meisner Stolln - Profile.
(Nach den alten Betriebsakten.)

1. Schwalbenthaler Stolln und Wetterstolln.
[Begonnen 1628, vergl. Profil CD.]

Buntsandstein	418,6 m	326 m
Triebsand	46,5 m	13,6 m
Letten und Quarzit	18,6 m	16,7 m
Braunkohlen	14,6 m	
Letten	10,5 m	
Braunkohlen	138,0 m.	

2. Fürbacher Stolln und Wetterstolln.
[Begonnen 1782.]

Basaltgeröll	50,20 m	49,20 m
Buntsandstein	190,40 m	153,80 m
Letten	8,40 m	7,30 m
Weisser Sand	462,30 m	140,20 m
Blauer Letten und Triebsand	83,70 m	214,40 m.

Nachdem hier die nach Westen einschiebende Basaltdecke angefahren worden war, lenkte man nach Norden aus und fuhr am Basalt entlang streichend noch 146,4, bezw. 165,3 m in schwärzlichem sandigem Letten mit vereinzelten Kohlenschmitzen auf.

3. Weissensteiner Stolln. 1584—1600.

Derselbe wurde 289½ Lachter in Geröll und verwittertem Buntsandstein und Muschelkalk aufgefahren, ohne das Kohlenlager anzutreffen. Der Stolln steht im Bereich des das Bransröder und Schwalbenthaler Revier trennenden Schichtensattels und hat aller Wahrscheinlichkeit nach das Tertiär unterfahren. Die oberhalb des Stollns am schmalen Hölzchen, am Rande des Plateaus getriebenen, durch Pingen gekennzeichneten alten Grubenbaue sind auf einem abgerutschten, mit dem Bergabhang nach Südosten einfallenden Kohlenstück umgegangen.

4. Stolln im Laudenbacher Hohl. 1611.

6 m Basaltgeröll,
80 m Braunkohle.

Darauf legte ein Sprung den Muschelkalk vor, in welchem noch 80 m aufgefahren wurde.

5. Bransröder Stolln.

[Begonnen 1696, vergl. Profil EF.]

Basaltgeröll	23 m
Muschelkalk	200,60 m
Letten	35,60 m

sodann Braunkohlen.

6. Friedrichsstolln. 1734—1765.

[Vergl. Profil EF, liegt 75 m unter dem vorigen.]

Basaltgeröll	175,70 m
Buntsandstein	301,30 m
Muschelkalk	133,90 m
Letten und Sand	165,00 m.

An dieser Stelle wurde ausgelenkt und der Basaltstock mittelst einer in tertiären Letten und Sanden getriebenen ansteigenden Strecke nördlich umfahren, bis man nach weiteren 253,40 m die Kohle anhieb.

7. Wilhelmsstolln.

[Begonnen 1792, (32 m unter dem Bransröder Stolln), vergl. Profil EF.]

Basaltgeröll	28,3 m
Buntsandstein	137,0 m
Muschelkalk	384,0 m
Letten	56,5 m
Triebsand	25,9 m

Der Wilhelmsstolln wurde angesetzt, nachdem man erkannt hatte, dass der Friedrichsstolln das tiefste der Kohlenablagerung unterteufte.

8. Der neue Stolln, begonnen 1875,

wurde 6 m unter dem Wilhelmsstolln angesetzt und in mehr östlicher Richtung als dieser aufgefahren, aber nicht vollendet. Er steht vor Ort in zersetztem Muschelkalk.

B. Die Braunkohlenablagerung am Hirschberg.

6 ᵏᵐ nordwestlich vom Meisner, südwestlich über der Stadt Grossalmerode liegen die Tertiärablagerungen des Hirschbergs unter dem Schutze der Basaltdecke dieses Berges.

Die Unterlage des Tertiärs bildet der mittlere und obere Buntsandstein, der im Norden und Osten stellenweise von Muschelkalk überlagert wird.

Das Tertiär ist in grosser Mannigfaltigkeit und Mächtigkeit vorhanden; die letztere erreicht im nördlichen Theile der Ablagerung fast 400 ᵐ [1]).

Durch die bisherigen Aufschlüsse sind ausschliesslich Süsswasserbildungen bekannt geworden. Dieselben werden von MÖSTA und BEYSCHLAG [2]) in nachstehender Weise gegliedert:

I. Unterer Sand mit Quarzit und Braunkohlen.

Lockere Sande von unbestimmter Mächtigkeit,

Braunkohlenquarzit,

Braunkohlen, 8—10ᵐ mächtig, mulmig, schwefelkiesreich.

II. Feuerbeständige Thone. 10—20ᵐ.

III. Fliesssand und Melanienthon. 10ᵐ.

Fliesssand,

Bunte Letten mit Kohlen,

Sandige Letten und Mergel mit Süsswasserconchylien.

IV. Sande, Letten und obere Braunkohlen 100—300ᵐ.

Ueber den Melanienthonen folgen in den Thonschächten oberhalb des Bahnhofs Grossalmerode zunächst dunkle Letten, Thone und Braunkohlen in einer Mächtigkeit von 15—20 ᵐ [3]).

[1]) Vergl. die Profile auf Blatt 2.
[2]) Erläuterungen zu Blatt Grossalmerode der geol. Specialkarte etc. S. 23 ff.
[3]) Siehe die Seite 24 mitgetheilten Schachtprofile.

Zwischen diesen Schichten und den am Rande des Hirschbergs ausgehenden oberen Braunkohlen liegt eine ziemlich unbekannte Zone von einer Mächtigkeit bis 100 ^{m} und darüber. Nach den spärlichen Aufschlüssen, welche durch den Schlüsselstolln und die Eisenbahnbauten am Nordosthange des Hirschberges gemacht worden sind, besteht dieselbe aus grauen Fliesssanden. Dieselben Sande gehen nordwestlich von Epterode als Liegendes der Faulbacher Kohlenflötze zu Tage.

Die obere Braunkohlenpartie besitzt einen ganz bedeutenden Kohlenreichthum, welcher denjenigen der Meisner-Ablagerung noch übertrifft. Sie findet sich in einer westlichen, grösseren »Hirschberger« Mulde — welche hier hauptsächlich interessirt — und in der südöstlich an erstere grenzenden, bedeutend kleineren Faulbacher Mulde [1]. Beide Mulden sind bergbaulich erschlossen, die Faulbacher Mulde nur in ihrem äussersten nördlichen Theile, die Hirschberger Mulde dagegen mit Ausnahme des nordöstlichsten Theils in ihrem ganzen Umfange.

Im Norden und Westen der Hirschberger Mulde baut die Zeche Hirschberg, im Süden die Zeche Marie, während im Südosten vor Zeiten die Baue des Annastollns umgegangen sind. Eine Identificirung der durch diese Bergwerke aufgeschlossenen Flötze ist erst durch neuere markscheiderische Arbeiten ermöglicht worden. Hiernach haben sich die nachstehenden, gegenseitig entsprechenden Schichtenfolgen ergeben.

(Von unten nach oben.)

Im nördlichen Theile	Im südlichen Theile
der Hirschberger Mulde.	
Bergwerk Hirschberg.	Bergwerk Marie a/Hirschberg.
liegender Fliesssand, bis 100 ^{m} und darüber mächtig.	
Flötz No. 3 . 6—10 ^{m}	
Lebererze . 2—10 ^{m}	

---

[1] Vergl. das den Erläuterungen zu Blatt Grossalmerode der geol. Specialkarte angefügte geogn. Kärtchen.

14 I. Theil. Geognostisches.

Flötz No. 2.

Unterbank (Schnapp-
erze) . . . . . 6— 7^m

Oberbank . . . . 5—10^m

Letten $\Big\rangle$
Sand $\Big\}$ . . . . 10—20^m
Quarzit $\Big/$

Flötz No. 1 . . . 10—14^m

Hangendes: Letten.

---

liegender Sand. In einer Mächtigkeit von 25—30^m den Röthmergeln aufgelagert.

Flötz No. 4 . . . 2— 4^m

sandiger Letten $\Big\rangle$
heller Sand $\Big\}$ 8—10^m
schwarzgrauer Sand $\Big\{$
Quarzit $\Big/$

Flötz No. 3 . . 6—7$^1/_2$^{m}

fester Letten . . . 6—15^m

Flötz No. 2 . . 2$^1/_2$—3$^1/_2$^{m}

Letten $\Big\}$ . . 20—25^m
lettige Sande $\Big\}$

Flötz No. 1 . . . 5—7^m

Hangendes: Letten.

Das liegendste Flötz der Zeche Hirschberg ist auf Zeche Marie in den durch die bisherigen Stolln eingebrachten Teufen nicht vorhanden, während die hangenden Flötze No. 2 u. 1 der letzteren Zeche im Felde der erstgenannten noch nicht aufgeschlossen worden sind.

Das Annastollner Flötz entspricht dem Flötz No. 3 der Zeche Marie.

Im nördlichen Theile der Faulbacher Mulde sind durch den Bergbau der nordwestlich des Bahnhofs Epterode gelegenen Zeche Faulbach folgende Gebirgsschichten aufgeschlossen:

Liegender Sand.

Flötz No. 3 (Hauptflötz) . . . 10—12^m

Letten . . . . 5—8^m

Quarzit . . . . 1^m

Flötz No. 2 . . . . 5—6^m

Letten . . . . 6—7^m

Flötz No. 1 . . . . 5^m

Hangender Letten . . . . . 20^m.

Die Einordnung der Faulbacher Flötze in die flötzführenden
Schichten der Hirschberger Mulde ist zur Zeit noch nicht möglich.

Ueber dem bekannten hangendsten Flötze der Hirschberger Mulde — dem Flötze No. 1 der Zeche Marie — setzen
die Tertiärschichten noch in einer Mächtigkeit von 100—125 ^{m} fort.
Die unteren 50 ^{m} hiervon sind durch das im Felde Marie
niedergebrachte Bohrloch No. 1 [1]) erschlossen. Dasselbe durchteufte:

Letten	16,16 ^{m}
Kohlenmulm	0,63 ^{m}
Letten	12,24 ^{m}
Kohlen	0,31 ^{m}
Letten	8,79 ^{m}
lettiger Sand	1,26 ^{m}
Letten	0,94 ^{m}
Sand	1,26 ^{m}
Letten	5,65 ^{m}

Flötz No. 1, nicht durchbohrt.

Die hangendsten, unter der Basaltdecke des Hirschberges
lagernden Tertiärschichten sind unbekannt.

Die Mächtigkeit der sämmtlichen Flötze der oberen Braunkohlenpartie nimmt von Süden nach Norden hin zu; dasselbe ist
in der Hirschberger Mulde bezüglich der Reinheit der Kohlen der
Fall.

Die Braunkohle ist durchweg dichter und fester als diejenige
des Meisners. Die Kohlenbeschaffenheit der einzelnen Flötze
ist verschieden. Während in der Faulbacher Mulde das liegendste
Flötz die stückreichste und reinste Kohle besitzt, kommen diese
Eigenschaften in der Hauptmulde mehr den hangenderen Flötzen
zu. In dem am weitesten aufgeschlossenen nördlichen Theile
dieser Mulde führt das hangendere Flötz — No. 1 der Zeche
Hirschberg — die verhältnissmässig festeste und stückreichste
Kohle; zugleich ist dasselbe reich an holzigen Bestandtheilen

---

[1]) Die Resultate der übrigen, in Blatt 2 eingezeichneten Bohrlöcher sind
aus den Erläuterungen zu Blatt Grossalmerode etc. S. 45 ff. zu ersehen.

(Stamm- etc. Resten). Das nächsttiefere Flötz No. 2 der genannten Zeche entbehrt derartiger Reste vollständig. Dieses Flötz besteht hier aus zwei scharf geschiedenen Bänken, der Oberbank mit reiner, kurzklüftiger Kohle und der Unterbank mit lettiger, schwefelkiesreicher, ebenfalls kurzer Kohle, den sogenannten Schnapperzen; die letzteren sind wegen ihres hohen Aschengehaltes zu Heizzwecken nicht zu verwenden. Nach dem Liegenden gehen die Schnapperze unter Zunahme des Thon- und Schwefelkies-Gehalts allmählich in die sogenannten Lebererze, bituminöse Alaunthone, über [1]). Das liegendste Flötz — No. 3 — endlich besitzt etwas stückreichere, aber unreine Kohle.

Die geologische Stellung der Hirschberger Tertiärablagerungen ist gegenwärtig noch nicht anzugeben. Sie dürfte — wenn überhaupt — erst nach Abschluss der seitens der Königl. geologischen Landesanstalt ausgeführten Aufnahmen des gesammten niederhessischen Braunkohlendistriktes zu bestimmen sein.

BEYSCHLAG vermuthet, dass die oberen Braunkohlenschichten gleichaltrig mit dem 10 km westwärts gelegenen Kaufunger Kohlenvorkommen seien [2]). EBERT hält das gesammte Grossalmeröder Tertiär für jünger als die Kaufunger Braunkohlen [3]). Die erstere Annahme hat die grössere Wahrscheinlichkeit für sich [4]).

---

[1]) Die Lebererze wurden in früheren Jahren zur Alaundarstellung benutzt. Zu diesem Zwecke fand auf ihnen ausgedehnter Tagebau statt, der noch heute in dem am Nordhange des Hirschbergs gelegenen Ringenkuhler (früher: Ringkuhl = Ring-Kuhle) und Rüppel'schen Abraum zu verfolgen ist.

[2]) Erläuterungen zu Blatt Grossalmerode S. 29 u. 30.

[3]) Die tertiären Ablagerungen der Umgegend von Cassel. Inauguraldissertation. Göttingen 1882. S. 26 ff.

[4]) Die in letztgenannter Schrift angenommene Schichtenfolge des niederhessischen Tertiärs gründet sich auf die petrographischen Eigenthümlichkeiten zweier Gesteinsvorkommen, der Braunkohlenquarzite und der geschiebereichen Sande. Es fehlt jedoch der Beweis für die Annahme, dass diese beiden Gesteinsarten, welche sich in den verschiedensten Lagen des niederhessischen Tertiärs unregelmässig zerstreut vorfinden, einen durchgehenden geologischen Horizont bilden.

Gegen die Annahme spricht u. a. Folgendes: Die geschiebereichen Sande, deren Material vorzugsweise aus dem rheinischen Schiefergebirge, dem Quellgebiete des jetzigen Ederflusses stammt — daher der Name: Ederkiese — deuten lediglich auf tertiäre Flussläufe. Die Quarzite sind ihrem Auftreten nach wahr-

Lagerungsverhältnisse.

Die Hirschberger Tertiärreste liegen in einer Einsenkung, welche durch das Zusammentreffen zweier grösserer Dislocationen entstanden ist [1]).

Die eine derselben ist die bereits erwähnte zwischen Hirschberg und Meisner in nordöstlicher Richtung durchsetzende Bruchzone Altmorschen-Eichenberg; die zweite geht von Altenhasungen aus in östlicher Richtung über Cassel, Niederkaufungen und Helsa und trifft auf die erstere bei Grossalmerode, nordöstlich des Hirschbergs [2]).

Nach diesem Kreuzungspunkte hin sind die in dem winkelförmigen Ausschnitt zwischen beiden Dislocationen liegenden triadischen und tertiären Gebirgsschichten eingesunken [3]).

Eine Störung ihres Zusammenhangs mit dem südwestlich des Hirschbergs gelegenen Gebirge durch eine zwischen Wickenrode und Rommerode verlaufende Bruchlinie, wie solche von Mösta [4]) angenommen wird, hat nach den mit den Stollnanlagen des Bergwerks Marie gemachten Aufschlüssen nicht stattgefunden [5]).

Dagegen liegt die Annahme nahe, dass die Tertiärschichten auf der oberen Grenze der überlagerten triadischen Schichten nordöstlich abgerutscht sind. Durch diese Annahme würden sich die durch umstehendes Querprofil veranschaulichten Lagerungsverhältnisse des Tertiärs am ungezwungensten erklären. Wie aus diesem, in nordöstlicher Richtung durch die Hirschberger Mulde gelegten Profil, ebenso übrigens auch aus den Profilen

---

scheinlich sekundärer Entstehung; sie sind zumeist an das Vorkommen von Braunkohlen gebunden und ferner vielfach nur in der Nähe der Tagesoberfläche in grösseren Bänken und Blöcken ausgebildet, während sie nach der Teufe hin an Festigkeit und Zusammenhang verlieren und stellenweise allmählich in unveränderte Sandschichten übergehen.

[1]) Beyschlag, a. a. O. S. 21.

[2]) Mösta, das Liasvorkommen bei Eichenberg, im Jahrbuch d. Königl. geol. Landesanstalt u. Bergakademie, Bd. IV, S. 57.

[3]) Vergl. Blatt Grossalmerode der geol. Specialkarte von Preussen etc.

[4]) a. a. O.

[5]) Vergl. Profil DE auf Tafel 3.

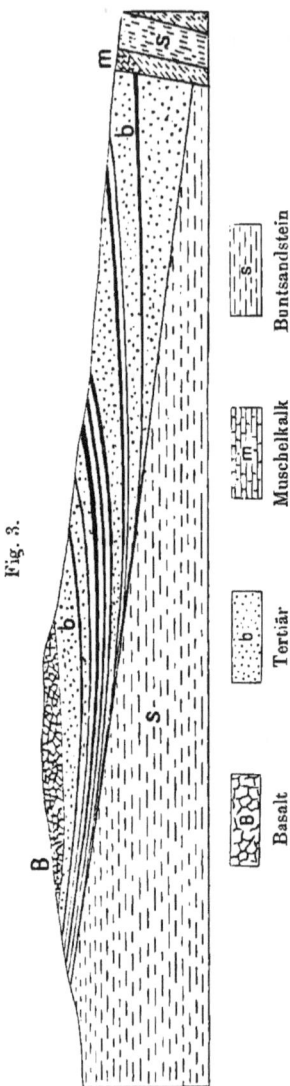

Fig. 3.

Buntsandstein

Muschelkalk

Tertiär

Basalt

auf Tafel 2, sowie aus den S. 14
mitgetheilten Flötzfolgen ersichtlich
ist, nimmt die Mächtigkeit sämmtlicher
Schichten des Tertiärs von SW. nach
NO. hin zu; ferner sind die liegendsten Glieder desselben, welche von
NW. nach SO. streichen und nach
SW. einschieben, nur im N. und NO.
vorhanden, während sie nach SW.
hin auskeilen; erst die hangenden
Glieder, die oberen Braunkohlen, und
auch hier nur die hangenderen Flötze,
gehen auch im S. der Ablagerung zu
Tage. Sie bilden die beiden bereits genannten geschlossenen Mulden, die
Hirschberger, deren — obere — Kohlenflötze rings um den Hang des
Hirschbergs ausstreichen, und die mit
Vermittlung eines schmalen Luft-
sattels südöstlich anschliessende Faulbacher Mulde, deren Flötze an den
beiden Rändern des Faulbachthals
zu Tage gehen. Die erstere Mulde
misst in ihrer west-östlichen Haupt-
erstreckung 2½ km bei einer Breite
von 1½ km, während die südost-nordwestlich streichende Faulbacher Mulde
bei einer Längserstreckung von 2 km
nur eine Breite von ½ km besitzt[1]).
    Die Grösse der Einsenkung
der zwischen den genannten Gräben
gelegenen Gebirgsschichten ergiebt
sich aus einem Vergleich mit den
nördlich Grossalmerode, am Stein-

') Vergl. das den Erläuterungen zu Blatt Grossalmerode angefügte Kärtchen.

berg[1]) in wahrscheinlich ursprünglichem Niveau befindlichen Ter-
tiärresten. Die zur untersten Stufe des Hirschberger Tertiärs ge-
hörenden Braunkohlen und die darüber liegenden feuerbeständigen
Thone befinden sich an dieser Stelle 110 ^{m} über dem Ausgehenden
derselben Schichten bei Ringenkuhl und 220 ^{m} über deren Ausgehen-
dem im Orte Grossalmerode. Diese Zahlen zeigen zugleich die
Zunahme der Einsenkung nach dem östlich gelegenen Kreuzungspunkte der Gebirgsbrüche hin.

Gegenüber den Ablagerungen am Meisner liegt das
Muldentiefste des liegendsten Flötzes der oberen Kohlenpartie in
der Hirschberger Mulde ca. 200 ^{m} tiefer als das tiefste des Meisner
Tertiärs, während die untere Grenze der Basaltdecke sich bei
beiden Bergen in ziemlich derselben Meereshöhe befindet. Auch
die letztere Thatsache kann dafür angezogen werden, dass die
Basaltergüsse erst nach Entstehung der vorliegenden Gebirgsstö-
rungen stattgefunden haben.

Die Hirschberger Mulde durchsetzt ein breiter Basaltgang,
welcher zugleich das Material für die gegenwärtige Basaltdecke
des Hirschberges geliefert hat.

Das Streichen dieses Ganges ist dasselbe wie dasjenige der
beiden am Meisner auftretenden Basaltgänge; die Entstehung dieser
Gänge ist ziemlich zweifellos auf die· nämliche Ursache zurück-
zuführen. Von dem Generalstreichen des Altmorschen-Eichenberger
Grabenbruchs weicht das Gangstreichen — ebenso wie bei den
Basaltgängen des Meisners — um 45° westlich ab[2]).

Eine Schichtenverschiebung ist mit dem Basaltgange nicht
verbunden; die Gebirgsschichten liegen zu seinen beiden Seiten
in dem gleichen Niveau und sind nur nach dem Gange hin unbedeutend umgebogen, welch' letztere Erscheinung auf die beim
Erkalten des Magmas erfolgte Zusammenziehung zurückgeführt
werden kann.

[1]) Vergl. Blatt Grossalmerode der geol. Specialkarte von Preussen etc.
[2]) Vergl. dagegen Erläuterungen zu Blatt Grossalmerode S. 32 unten, wo
ein directer Zusammenhang der Basaltgänge mit dem Spaltensystem des genannten
Grabenbruchs angenommen wird.

2*

Weitere gangartige Basaltvorkommen innerhalb der Hirschberger Tertiärablagerungen sind weder über noch unter Tage bekannt [1]).
Der Hirschberger Basaltgang ist im N. der Mulde in der Grube Hirschberg auf eine Längserstreckung von über 500 ^{m} aufgeschlossen und mit den Grubenbauen vielfach durchfahren. Im S. ist sein Vorhandensein unter Tage erst in jüngerer Zeit durch die östlichen Aufschlüsse der Zeche Marie festgestellt. Ueber Tage lässt sich das Ausgehende des Ganges von der Fuchshecke aus in nördlicher Richtung längs des Hirschbergs, dessen östlichen Steilabhang er bildet, dadurch feststellen, dass hier unter den Basaltgeröllen die dichten Varietäten vorherrschen, während sich auf dem westlich angrenzenden Plateau nur doleritische Trümmer finden. Am Nordhang des Berges ist der Gang durch den früheren RÜPPEL'schen Tagebau blossgelegt.
Die Basalte sind Feldspathbasalte und übereinstimmend mit denjenigen des Meisners. Die petrographische Beschaffenheit des den Gang zusammensetzenden Basalts, ist — wie bereits erwähnt — sowohl unter Tage, wie an dem vorgenannten Ausgehenden im RÜPPEL'schen Abraum eine dichte, anscheinend homogene. Die Structur des auf Zeche Hirschberg angefahrenen Basalts ist vorwiegend gleichförmig; das nördliche mehrerwähnte Ausgehende des Ganges zeigt blasige Structur; dieselbe Form findet sich im S. sowohl unter Tage auf Grube Marie, wie an den ‘vom Ausgehenden stammenden Geröllen westlich der Fuchshecke.
Die Mächtigkeit des Basaltganges erreicht im Norden, auf Grube Hirschberg 125 ^{m}. In dieser Ausdehnung bildet der Gang zwar ein nach den Seiten abgeschlossenes Vorkommen, jedoch keineswegs eine ungegliederte Spaltenausfüllung, vielmehr ein complicirtes System von einzelnen Spalten und Aufreissungen, in welche das basaltische Magma eingedrungen ist, und in deren Bereich es grössere und kleinere Schollen von Sedimenten, deren ursprüngliche Lage durchweg wenig geändert ist, umschlossen und durch seine Gluthitze verändert hat.

---

[1]) Vergl. dagegen Erläuterungen zu Blatt Grossalmerode, S. 28 u. 32.

Ein Bild der mannigfachen Basaltverästelungen, zugleich einen
Beweis für die ausserordentliche Dünnflüssigkeit des basaltischen
Magmas giebt die folgende Skizze, welche die beiderseitigen
Stösse der Schlüsselstollner Grundstrecke auf Flötz No. 2 der

Fig. 4.

Zeche Hirschberg im Bereich der Basaltdurchsetzung — nach
links und rechts aufgeklappt — zur Anschauung bringt.

In dem am äussersten Rande aufgeschlossenen südlichen
Theile der Hirschberger Mulde ist das Vorkommen des Basalts
unter Tage ein weit unregelmässigeres. Die Ursache liegt in dem
Auftreten einer tertiären Auswaschung (nach localer Bezeichnung:
Rücken). Dieselbe findet sich im Gebiet des östlichen Bismark-
stollner Flügelorts. Ihrer Entstehung nach anscheinend zusammen-
hängend mit einer hier vorliegenden kleineren Verwerfung, hat
sie das hangendere Flötz No. 2 der Zeche Marie auf 130 ^{m}, das
unterliegende Flötz No. 3 nur auf 30 ^{m} streichend fortgeführt,
während sie das liegende Flötz No. 4 überhaupt nicht berührt
zu haben scheint. Dieses tertiäre Thal, welches übrigens erst in
ziemlicher Entfernung nördlich des gegenwärtigen Ausgehenden
der Kohlenflötze beginnt, und dessen nördliche Längsausdehnung
noch nicht bekannt ist, fällt mit seiner Ostgrenze zusammen mit
den später entstandenen Spalten des Basaltgangs. Es ist ausge-
füllt mit Brocken von tertiären Gesteinen und Basalttuffen, welche
vielfach durch basaltisches Magma verkittet sind und auch von
grösseren Basaltergüssen durchquert werden. Oestlich dieses
»Rückens« sind innerhalb der Flötze No. 3 und 2 gangartige Basaltvorkommen auf ca. 100 ^{m} streichende Erstreckung vorhanden;
sie sind jedoch im Vergleich zu dem Spaltennetze auf Zeche
Hirschberg nur von geringer Ausdehnung, so dass auch die Einwirkungen, welche sie auf die angrenzenden Kohlenpartieen ausgeübt haben, nur unbedeutend sind. Der Hauptbasalterguss scheint
eben an dieser Stelle ausserhalb des geschichteten Gebirges, innerhalb des tertiären Thals stattgefunden zu haben [1].

Für den Zweck der vorliegenden Arbeit sind daher hauptsächlich die Contacterscheinungen im nördlichen Theile der Mulde,
im Felde der Zeche Hirschberg, zu verfolgen.

Die Basaltmassen haben hier einerseits die von ihnen um-
schlossenen sedimentären Bruchstücke, anderseits die seitlich des
Ganges liegenden Gebirgsschichten unter dem Einfluss ihrer

---

[1] Die hier geschilderten Verhältnisse sind wegen ihrer geringen räumlichen
Ausdehnung auf der anhängenden Klapptafel nicht zur Darstellung gebracht.

Wärme verändert. Bei den Sanden und Letten treten die Veränderungen, in Frittung und Verhärtung bestehend, nur in geringen Entfernungen vom Gange, welche 1 ^{m} nicht übersteigen, auf; bei den Braunkohlen sind sie dagegen bis auf 40 ^{m} zu beiden Seiten des Ganges zu verfolgen.

Beim Contact des Basalts mit den Lebererzen scheint auf Kosten von sauerstoffreicheren Destillaten der kohligen Bestandtheile der letzteren eine theilweise Röstung ihres Schwefelkiesgehaltes eingeleitet worden zu sein, welche später unter dem oxydirenden Einfluss eindringender Tagewasser fortgesetzt worden ist. Die Analyse von metamorphosirten Lebererzen ergab stets die Anwesenheit einer grösseren Menge Schwefelsäure. Die saueren Sulfatlösungen haben den in der Nähe befindlichen Basalt zersetzt, die löslichen Bestandtheile weggeführt und einen weissen trockenen Thon, den sogenannten Wackenthon, zurückgelassen, welcher der Hauptsache nach aus kieselsaurer Thonerde mit Sulfaten imprägnirt besteht. Man trifft in der Grube mit den auf dem liegenden, unter den Lebererzen befindlichen Kohlenflötze umgehenden Bauen niemals festen Basalt, sondern an dessen Stelle mehr oder minder weit vorgeschrittene Zersetzungsproducte an.

Anhang.

Schacht-Profile von der vormals Königlicheu Thongrube.

1) Wetterschacht. 1886.

Fliesssand	0,50^m		Uebertrag	13,00^m
schwarzer Letten	1,00^m		grauer Letten	1,00^m
gelber Letten	1,10^m		Kohlenmulm	0,15^m
Kohlenmulm	0,10^m		blauer Thon	2,50^m
grauer Letten	1,00^m		kurzer Thon	1,00^m
mulmige Kohle	3,50^m		Fliesssand	0,50^m
feste Braunkohle	2,00^m		sandiger kurzer Thon	2,00^m
blauer Thon	2,50^m		Oberthon	0,75^m
kurzer Thon	0,20^m		Häfenthon	5,20^m
Fliesssand	0,10^m		schwarzer Thon	1,00^m
Mergel mit Muschelschalen	1,00^m		Summa	27,10^m
Uebertrag	13,00^m			

2) Maschinenchacht. 1887.

Gelber Sand	2,20^m		Uebertrag	16,90^m
schwarzer Letten	1,00^m		sandiger grauer Letten mit	
gelber Letten	0,10^m		Muschelschalen	2,00^m
grüner fetter Thon	1,30^m		schwarzer sandiger Letten	1,60^m
grüner Thon mit Okerausschei-			Kohlenmulm	0,10^m
dungen	0,30^m		grauer Thon	1,70^m
Kohlenmulm	1,50^m		Kohlenmulm	0,10^m
grauer Letten	0,30^m		brauner Thon	0,40^m
Kohlengrus	5,50^m		Fliesssand	1,00^m
schwarzgrauer Letten	0,70^m		kurzer Thon	1,80^m
Kohlen	3,00^m		Oberthon	1,00^m
schwarzgrauer Letten	1,00^m		Häfenthon (nicht durchteuft)	
Uebertrag	16,90^m		Summa	26,60^m.

C. Die Kohlenlagerstätte am Stellberg.

Das Stellberger Kohlenvorkommen liegt ca. 14 km südsüdöstlich von Cassel, in der Söhre. Es gehört zu einer grösseren Tertiärpartie, welche sich von Wollrode in östlicher Richtung bis Eschenstruth [1]) erstreckt, und welche im N. an die Kaufunger Braunkohlenablagerung grenzt.

Bergmännisch erschlossen ist dieses Vorkommen im W. durch die Bergwerke Stellberg I und III bei Wattenbach und im O. durch das unter dem Belgerkopf gelegene Bergwerk Hochstadt.

Anhaltspunkte für die geologische Stellung haben sich durch diese Aufschlüsse nicht ergeben. Das angrenzende Kaufunger Vorkommen gehört dem Unteroligocän an und wird von dem mitteloligocänen Septarienthone, und dieser von den oberoligocänen Kaufunger Meeressanden überlagert [2]).

Die Stellberger Tertiärgebilde werden von dem Mittleren und Oberen Buntsandstein unterteuft.

Sie beginnen mit bunten, grobkörnigen, eisenschüssigen Sanden von ca. 15 m Mächtigkeit, deren Material der Buntsandstein geliefert hat.

Ein Profil aus dem Schneegraben zeigt von unten nach oben folgende Schichten:

> Buntsandstein,
> Basaltlager,
> weisser Sand,
> eisenschüssiger, rother Sand,
> gelber, grobkörniger Sand,
> weisser, thoniger Sand.

---

[1]) Siehe die Generalstabskarte des ehemaligen Kurfürstenthums Hessen.
[2]) BEYRICH, über die Stellung der niederhessischen Tertiärbildungen.

Unter dem Stellberg treten die Sande in Folge der muldeuförmigen Lagerungsverhältnisse als Fliesssand ausgebildet auf. Ueber den Sanden folgt das **Hauptkohlenflötz**. Dasselbe ist im W., auf dem Bergwerk Stellberg I, 8—12, im O., auf Stellberg III, 4—5 ^{m} mächtig.

Das **Hangende des Flötzes** bilden Letten in grösserer Mächtigkeit, worauf Sande und Letten in verschiedentlichem Wechsel und unter Vorherrschen der letzteren folgen. Die im Anhang mitgetheilten Bohrlochprofile ergeben die speciellere Gliederung dieser Schichten.

In denselben setzen am Südostabhang des Stellbergs **zwei Lagen grobkörniger Kiese**, sog. Ederkiese [1]) auf. Stellenweise vereinigen sich dieselben zu einer einzigen Schicht.

Etwa 50 ^{m} über dem Hauptflötz liegt ein **zweites**, unbedeutendes **Braunkohlenflötz** [2]), welches an seiner Sohle von **Quarziten** begleitet wird.

Die Braunkohle des Stellberger Hauptflötzes ist, soweit die Aufschlüsse im Felde des Bergwerks Stellberg III [3]) reichen, dichter und fester, als diejenige der Meisner und Hirschberger Kohlenablagerungen.

In der im allgemeinen erdigen Braunkohle sind gleichförmig durch die Gesammtmächtigkeit des Flötzes parallel eingelagerte, stark zusammengedrückte Stamm- und Astreste vertheilt. Die Holzstructur derselben ist nirgends zu verkennen, wenn sie auch bei weitem nicht so deutlich erhalten ist, wie in den Ligniten des Meisners und Hirschbergs. Diese Erscheinung dürfte die Folge einer verhältnissmässig weiter vorgeschrittenen Verkohlung sein.

Lagerungsverhältnisse.

Das auf der Uebersichtskarte — Tafel 3 — festgelegte Vorkommen ist der Südflügel einer Mulde, deren Tiefstes etwa unter

---

[1]) Vergl. S. 16.
[2]) Vergl. Bohrlochsprofil V.
[3]) Das Bergwerk Stellberg I ist seit einer Reihe von Jahren ausser Betrieb und nicht mehr zugänglich.

dem Gipfel des Stellbergs liegt, und welche am Nordabhang dieses Bergs wieder aushebt. Der Nordflügel des Kohlenflötzes ist durch das im Tieferod niedergebrachte Bohrloch No. IV mit einer Mächtigkeit von 4,57 ^m durchbohrt.

Die näheren Lagerungsverhältnisse am Südostabhang des Stellbergs sind aus der Uebersichtskarte zu ersehen. Das Kohlenflötz streicht im Westen, im Felde Stellberg I, südöstlich; nach Osten geht das Streichen in ein östliches über und wendet sich im Ostfelde des Bergwerks Stellberg III nach Norden.

In der Falllinie der Gebirgsschichten treten verschiedene Störungen auf. Die relativ bedeutendste ist jene, welche zwischen den Bohrlöchern XVI, XVII und XIV, X durchsetzt und zur Zeit die südwestliche Grenze der Grubenbaue des Bergwerks Stellberg III bildet. Sie besteht aus einer Reihe paralleler Verwerfungen, welche sich auf eine streichende Länge von ca. 100 ^m vorfinden und das Kohlenflötz für die genannten Grubenbaue ca. 25 ^m in das Hangende verwerfen [1]).

Im Norden werden die Tertiärschichten von der Basaltdecke des Stellbergs überlagert. Die Südostgrenze derselben zieht sich über den Gipfel des Berges hin, während die Grenze des Basalts am Nordabhang bis zu einem Niveau von ca. 80 ^m unter dem Gipfel hinabgeht. Nach Westen setzt die Basaltdecke über den Gipfel des Schorns [2]) hinweg noch ca. 1500 ^m fort.

Die senkrechte Entfernung zwischen dem Kohlenflötz und dem Liegenden der Basaltdecke wechselt — im Gebiet der Uebersichtskarte — im Allgemeinen zwischen 30 und 70 ^m; am Hambülskopf geht sie bis auf wenige Centimeter hinab. An letzterer Stelle hat die Basaltdecke Gelegenheit gehabt, auf das Kohlenflötz durch ihre Gluthitze einzuwirken. Diese Lagerungsverhältnisse lassen erkennen, dass zur Zeit des Ergusses der jetzigen Basaltdecke des Stellbergs den ursprünglichen Tertiärablagerungen durch die Erosion bereits verschiedentlich zugesetzt war.

---

[1]) Siehe Profil AB auf Tafel 3.
[2]) Vergl. Generalstabskarte.

Die Basaltdecke des Stellbergs hängt wahrscheinlich zusammen
mit dem Vorkommen eines Basalt-Intrusivlagers, welches
am Abhang des Berges zu Tage ausgeht. Das Intrusivlager ist
durch die Baue des Bergwerks Stellberg III, dessen Kohlenlager
ihm seine Veredelung verdankt, bekannt geworden.

Der Basalt ist von der Tiefe her lagenförmig zwischen die
liegenden Tertiärschichten eingedrungen und hält mit diesen dasselbe Streichen und Fallen inne.

Im Gebiet der Grubenbaue des Bergwerks Stellberg III liegt
das Basaltlager zwischen dem Kohlenflötz und den liegenden Sanden,
ersteres theils direct berührend, theils durch eine bis 3 ^{m} mächtige
Sandschicht von ihm getrennt.

Es ist in der Grube auf der Stollnsohle und der sogenannten
blauen Sohle querschlägig und auf ersterer mittelst eines Flügelorts auch in diagonaler Richtung durchfahren und von Tage aus
durch den Versuchschacht No. IX durchteuft, sowie durch die
Bohrlöcher II, VII, X, XI, XII, XIII und XV nachgewiesen.
Seine Mächtigkeit schwankt hier zwischen 6 und 10 ^{m}.

Das Ausgehende des Intrusivlagers ist vom Belgeröthgen
aus zunächst südwärts bis zum Gossenfeld zu verfolgen. Der Basalt überlagert hier tertiäre Sande, unter welchen weiter im Thal
der Buntsandstein ausgeht. Südwestlich der zwischen den Bohr- ·
löchern XVI, XVII u. XIV, X durchsetzenden Schichtenstörungen
erfolgt ein Wechsel im Horizont des Lagers. Anscheinend ver-
anlasst durch die in das Hangende verwerfende Dislocation [siehe
die schematische Skizze auf folgender Seite] tritt jenseits derselben
das Basaltlager in eine liegendere Zone über und schiebt sich hier
zwischen die untere Grenze des Tertiärs und den Buntsandstein.
Ein vorzüglicher Aufschluss hierfür findet sich im Schneegraben.
Das bezügliche Profil ist bereits auf Seite 25 mitgetheilt worden.
Das Intrusivlager liegt an dieser Stelle unmittelbar auf dem Buntsandstein, mit welchem es nicht nur dasselbe Streichen und Fallen,
sondern auch dieselbe Absonderungsform gemeinsam hat, indem
sowohl der Basalt, wie der Buntsandstein in dünnen, 2 — 10 ^{cm}
mächtigen Platten auftreten, sodass auf den ersten Blick beide

Gesteinsarten nicht zu unterscheiden sind. Im Contact mit dem Basalt ist der Buntsandstein verglast und verfärbt. Sein Aussehen wird theils heller, theils graulichschwarz.

Fig. 5.

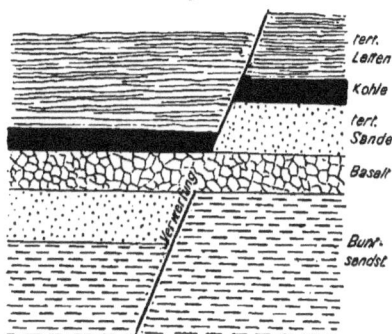

Diese Contactzone ist nordöstlich des Schneegrabens über die Eiterhager Hute hinweg bis zum Gossenfeld deutlich zu verfolgen; ebenso westlich des Schneegrabens zum Badenstein hin. Wie weit die westliche Erstreckung des Ausgehenden des Intrusivlagers anhält, ist nicht ermittelt worden.

Oestlich des Belgeröthgen ist das Ausgehende des Basalts, der hier, nachdem er den Buntsandstein verlassen, nicht mehr plattenförmig, sondern in unregelmässigen Stücken abgesondert auftritt, zunächst nicht zu verfolgen, obwohl das Intrusivlager hier unter Tage überall nachgewiesen ist.

Erst jenseits der Strasse von Wattenbach nach Wellerode tritt am Brand das Ausgehende des Intrusivlagers in verhältnissmässig breiter Ausdehnung wieder auf.

Westlich des Brands, unter dem Hambülskopf liegt das Kohlenflötz eingekeilt zwischen dem Intrusivlager und der oberflächlichen Basaltdecke[1]). Mit dem östlicheren der hier befindlichen alten Stolln wurde nachstehende Schichtenfolge angetroffen:

---

[1]) Vergl. Profil AB.

liegender Basalt,

Kohle 5 — 5¹/₂ ᵐ,

rother Sand 0 — 6 ᵐ,

hangender Basalt.

Die zwischen Brand und Hambülskopf eingeschnittene Schlucht steht im Zusammenhang mit diesen Lagerungsverhältnissen, indem auf der einen Seite derselben die hangende Basaltdecke, auf der anderen das entblösste Intrusivlager als feste Gesteinsmassen anstehen, während die zwischen ihnen ausstreichenden, weniger widerstandsfähigen Tertiärschichten weggeführt sind.

Nordwestlich des Brands ist das Ausgehende des Intrusivlagers nicht mit Sicherheit zu erkennen; ob die nördlich der Stöckwiesen liegenden Basalte zum Theil zum Intrusivlager gehören, ist zweifelhaft. Dagegen ist das Ausgehende am Nordhang des Stellbergs unterhalb des Küchelkorbs und des Hambülsbrunnens wieder bekannt. Es tritt hier zunächst westlich der Strasse nach Wellerode in einer kleineren Partie auf. Das Hangende bilden nach dem Ergebniss des höher am Berge angesetzten Bohrlochs No. II Letten. Circa 650 ᵐ weiter westlich durchteufte das 45 ᵐ unterhalb der Grenze der Basaltdecke des Stellbergs niedergebrachte Bohrloch No. III folgende Schichten:

Letten mit Basaltgeröll . .	12,57 ᵐ
reiner, blauer Letten	1,43 ᵐ
grobkörniger Sand	2,00 ᵐ
blauer Letten	1,14 ᵐ
schwarzer Letten	0,57 ᵐ
weisser Letten	2,29 ᵐ
kleinkörniges Basaltgeröll	2,85 ᵐ
gelber und rother Letten	1,72 ᵐ
Buntsandstein	0,57 ᵐ.

Das durchbohrte kleinkörnige Basaltgeröll rührt wahrscheinlich von dem Intrusivlager her.

Das Ausgehende desselben bildet somit vom Badenstein bis jenseits des Hambülsbrunnens einen weiten, nach Westen geöffneten Bogen, dessen Verlauf mit dem Streichen der Tertiär-schichten zusammenfällt.

Im Contact mit dem Kohlenflötz liegt das Basaltlager, soweit bisher bekannt, nur innerhalb der Baue des Bergwerks Stellberg III.

Seine Einwirkungen auf das Flötz erfolgten von der Sohle des letzteren aus und nehmen nach dem Hangenden hin ab. Nur unter dem Hambülskopf, wo das Kohlenflötz zwischen zwei Basaltergüssen liegt, ist es durch seine Gesammtmächtigkeit gleich-mässig veredelt.

Die Einwirkung der Hitze der Basaltmassen auf das Flötz wurde beeinflusst durch den zwischen ihm und dem Basaltlager auftretenden Sand. Wo sich dieser findet, ist die veredelte Kohlenschicht weniger mächtig, als dort, wo der Basalt die Kohlen unmittelbar berührt.

Der Sand selbst zeigt keinerlei Anzeichen von Frittung oder Verglasung. Dagegen führen die im Liegenden des Basalts be-findlichen eisenschüssigen Sande nierenförmige gefrittete Eisenstein-knollen, welche vielleicht mit den Einwirkungen des Basalts in Zusammenhang zu bringen sind.

Vom Basaltlager gehen Apophysen in das Kohlenflötz und dessen Hangendes ab, vor allem im Bereich der Störungen, wo das Gefüge der Schichten gelockert war. Zum Theil bilden die-selben nicht unbedeutende gangartige Vorkommen, so denjenigen Basaltgang, an welchem gegenwärtig die nördlichen Baue des Bergwerks Stellberg III abstossen. Daneben sind weniger mäch-tige, stellenweise ausserordentlich dünne Verästelungen bekannt, welche nach allen Richtungen hin das Flötz durchziehen.

In den Bauen des Bergwerks Stellberg III ist ebenso, wie am Hirschberg, in nächster Nähe des Kohlenflötzes fester, unver-änderter Basalt nicht anzutreffen. Dieselben Vorgänge, welche bei der Beschreibung des Hirschberger Vorkommens erwähnt wurden, sind auch am Stellberg zu erkennen. Das Material zur Bildung der Sulfate lieferten die in dem Flötz einge-sprengten Pyritknollen. Die einzelnen Phasen der Basaltzer-setzung sind in der Grube leicht zu verfolgen. Die Farbe des Basalts geht aus dem Blauschwarzen über Grau und Gelb zuletzt in das Weisse über. Dabei treten die früher nicht erkennbaren Absonderungsflächen in dunklerer, graublauer Färbung hervor. Der Basalt wird mürbe, sandartig und schliesslich thonig. Die entstehenden Wackenthone sind von tertiären Thonen durch ihr gesprenkeltes Aussehen, welches auf die ursprüngliche, krystallinische Structur zurückweist, zu unterscheiden.

Auch über Tage bilden sich diese Wackenthone allmählich aus dem Basalt-Eluvium. In ihnen finden sich zuweilen Ausscheidungen von Basalteisenstein.

Anhang.

Bohrlochs- und Schacht-Profile.
(vergl. die zugehörige Tafel.)

I.	
Basaltgeröll	2,00 m
hellblauer Letten	1,14 m
trockener Sand	8,00 m
Triebsand	9,14 m
blauer Letten	2,29 m
gelber Sand (nicht durchbohrt)	0,57 m
	23,14 m

II.	
Letten	8,00 m
Sohle Basalt.	

III.	
Letten mit Basaltgeröll	12,57 m
blauer Letten	1,43 m
grobkörniger Sand	2,00 m
blauer Letten	1,14 m
schwarzer Letten	0,57 m
weisser Letten	2,29 m
kleinkörniges Basaltgeröll	2,85 m
gelber und rother Letten	1,72 m
Buntsandstein	0,57 m
	25,14 m

IV.	
Basaltgeröll	2,00 m
Sand	1,43 m
weisser Letten	13,43 m
schwarzer Letten	0,29 m
Kohlenmulm	0,88 m
Braunkohle	4,57 m
Triebsand	0,57 m
	23,17 m

V.	
Basaltgeröll	2,29 m
Triebsand	0,87 m
blauer Letten	6.28 m
grobkörniger Sand	4,28 m
blauer und weisser Letten	4,00 m
Kohlenmulm	0,29 m
blauer Letten	10,56 m
grobkörniger Sand	11,14 m
schwarzer Sand	1,14 m
dunkelbrauner Letten	3,43 m
weisser Sand	11,43 m
brauner und blauer Letten	9,43 m
Kohle	4,00 m
(darunter Sand)	69,14 m

VI.

Basaltgeröll	4,00 m
Triebsand	5,00 m
blauer Letten	5,00 m
Triebsand	0,60 m
blauer Letten	10,00 m
schwarzer Letten . . .	0,72 m
Kohlenmulm	0,20 m
Kohle	3,30 m
(Liegendes: Basalt)	28,82 m

VII.

Basaltgeröll	1,00 m
weisser und gelber Thon . .	20,70 m
fester Sand	1,00 m
weisser und blauer Thon . .	8,30 m
Triebsand	1,00 m
grobkörniger Sand . .	4,80 m
weisser Thon	1,80 m
dunkelbrauner Thon . . .	10,00 m
sandiger Thon	6,00 m
dunkelbrauner Thon . . .	4,54 m
Kohle	5,00 m
(Liegendes: Sand)	64,14 m

VIII.

Basalt- und Quarzit- Geröll .	2,00 m
fester Basalt	9,50 m
trockener, gelber Sand . .	7,80 m
Triebsand	7,85 m
(Liegendes: Buntsandstein)	27,15 m

IX.

Letten mit Geröll . . .	1,86 m
fester, schwarzer Letten . .	4,00 m
Kohlenmulm	0,43 m
verwitterter Basalt . .	5,20 m
(Sohle: fester Basalt)	11,49 m

X.

Basaltgeröll	2.00 m
gelber, sandiger Thon . . .	15,70 m
blauer Thon	7.00 m
grauer Thon	1,00 m
Uebertrag	25,70 m

Uebertrag	25.70 m
blauer Thon	0,50 m
grobkörniger Sand . .	4,00 m
gelber und schwarzer Thon .	4,80 m
schwarzer Thon	5,10 m
Kohle	2,20 m
(Sohle: Basalt)	42,30 m

XI.

Basaltgeröll	3,14 m
gelber Sand	1,14 m
bunter thoniger Sand . . .	3,14 m
Kohlenmulm	1,14 m
schwarzer und grauer Sand	1,14 m
(Sohle: Basalt)	9,70 m

XII.

Basaltgeröll	4,00 m
gelber Thon	0,57 m
gelber Sand	3,14 m
grober, röthlicher Kies .	0,57 m
gelber, thoniger Sand . . .	5,71 m
blauer, sandiger Thon . . .	3,14 m
blauer Thon	2,87 m
grauer Sand	3,14 m
blauer Thon	3,72 m
grauer, thoniger Sand . . .	3,71 m
dunkler Thon	1,29 m
Kohlenmulm	2,28 m
schwarzer Sand	3,29 m
zersetzter Basalt . . .	0,43 m
(Darunter fester Basalt)	37,86 m

XIII.
[neuer Wetterschacht.]

Basaltgeröll	5,43 m
gelber Sand	3,00 m
blauer Thon	16,14 m
bunter Sand	2,86 m
gelber Thon	0,57 m
fester, grober Sand . .	7,00 m
blauer Thon	3,14 m
schwarzer und grauer Sand mit Kieseln . .	8,00 m
blauer und dunkler Thon .	9,71 m
Kohlen	4,00 m
	59,85 m

XIV.

Letten mit Sand	4,00 ᵐ
Kiesel	4,00 ᵐ
blauer Letten	1,14 ᵐ
grauer Letten	4,00 ᵐ
schwarzer Letten . . .	0,44 ᵐ
grauer Letten	4,58 ᵐ
Kohlenmulm	1,15 ᵐ
(Sohle: Basalt)	19,31 ᵐ

XV.

Basaltgeröll	1,15 ᵐ
weisser, sandiger Thon . .	2,49 ᵐ
blauer, fetter Thon	2,39 ᵐ
blauer, sandiger Thon . .	3,14 ᵐ
blauer Thon	0,28 ᵐ
rothgelber Thon	0,57 ᵐ
Sand	4,00 ᵐ
weisser Letten	0,86 ᵐ
(darunter fester Kiesel)	14,88 ᵐ

XVI.

Basaltgeröll	1,26 ᵐ
heller Sand	12,32 ᵐ
Triebsand	1,42 ᵐ
weisser Letten	2,21 ᵐ
schwarzer Letten	0,32 ᵐ
Uebertrag	17,53 ᵐ

Uebertrag	17,53 ᵐ
Kohlen	0,47 ᵐ
blauer Letten	12,77 ᵐ
schwarzer und blauer Letten	3,16 ᵐ
Kohlen	1,89 ᵐ
(Sohle: Sand)	35,82 ᵐ

XVII.

[5 ᵐ unterhalb XVI.]

Basaltgeröll	1,58 ᵐ
weisser Letten	3,70 ᵐ
gelber Sand	1,26 ᵐ
weisser Letten	4,11 ᵐ
brauner Letten	1,26 ᵐ
weisser Letten	13,86 ᵐ
rother Sand	8,22 ᵐ
fester, rother Eisenstein	1,26 ᵐ
grauer Letten	5,06 ᵐ
rother Letten	2,52 ᵐ
rother Eisenstein . . .	0,32 ᵐ
rother Letten	1,90 ᵐ
schwarzer Letten	0,32 ᵐ
grauer, kiesiger Sand .	2,52 ᵐ
weisser Sand	1,58 ᵐ
gelber Sand	1,90 ᵐ
gelber Letten	2,21 ᵐ
weisser sandiger Letten . .	3,16 ᵐ
(darunter Triebsand)	56,83 ᵐ

II. Theil.

Die Contactveränderungen der Braunkohlen.

A. Allgemeines.

Die Berührung der Braunkohlen mit gluthflüssigen Basaltmassen hat bei den drei beschriebenen Vorkommen in verschiedener Weise stattgefunden.

Das Kohlenlager des Meisners ist vom Hangenden aus durch einen Oberflächenerguss, das Stellberger Kohlenflötz vom Liegenden aus durch den zwischen den sedimentären Schichten lagerförmig eingepressten Basalt umgewandelt worden, während am Hirschberg ein mächtiger Basaltgang vorliegt, dessen Einwirkungen einerseits die seitlich angrenzenden Kohlenpartien, anderseits die von ihm eingeschlossenen Putzen betroffen haben.

Diese Verschiedenheiten im Auftreten der Basaltergüsse sind es auf der einen Seite, wovon die Contactwirkungen der letzteren abhängen. Es handelt sich dabei um drei Factoren: die zur Einwirkung gelangte Hitze, die etwaigen Druckwirkungen der Basaltmassen und die mehr oder minder vorhandene Möglichkeit für ein Entweichen der in den Kohlen entstehenden Destillate.

Auf der andern Seite kommt die Beschaffenheit der Kohlen in Betracht, und zwar das Material, aus welchem sie gebildet wurden, der Aschengehalt und der ursprüngliche Grad der Verkohlung.

3*

Bezüglich des ersten Punktes ist die Anwesenheit von
holzigen Bestandtheilen in der dichten, scheinbar structur-
losen, aus Blatt und Pflanzentheilen etc. bestehenden Grundmasse
von Belang.

Der Aschengehalt spielt dieselbe Rolle wie bei der Verkokung der Steinkohle, wo ein bestimmter Procentsatz Asche die
Durchführung des Processes verhindert [1]).

Das Stadium der Verkohlung, womit zugleich die Dichtigkeit der Kohlen und ihr Gehalt an hygroskopischem Wasser
zusammenhängen, scheint zur Zeit des Ausbruchs der Basalte,
analog den gegenwärtigen Verhältnissen, bei den Meisner Braunkohlen am wenigsten weit vorgeschritten gewesen zu sein.

Die Ausdehnung der Zone, innerhalb welcher die Um-
wandlungserscheinungen der Kohlen auftreten, hängt in erster
Linie von der entwickelten Wärme des Basaltergusses ab.

Am Meisner ist jene Ausdehnung verhältnissmässig am ge-
ringsten. Der Einfluss der ursprünglich über 300 m mächtigen Basaltdecke [2]) ist in dem bis 30 m mächtigen Kohlenlager nur 2 bis
5,5 m abwärts zu verfolgen. Unterhalb dieses Niveaus ist die
Braunkohle völlig unverändert.

Der Grund wird darin zu suchen sein, dass sich am Liegenden des Basaltergusses, entsprechend den heutigen Lavaströmen,
bald eine Erstarrungskruste bildete, welche als schlechter Wärme-
leiter die Einwirkungen der inmitten des Ergusses befindlichen,
noch flüssigen Massen auf die Kohlen verhinderte.

Viel weitergehend sind die Contactwirkungen bei den beiden
anderen Lagerstätten.

Auf Zeche Hirschberg sind die Kohlen bis zu einer Erstreckung von 40 m zu jeder Seite des 75 — 125 m mächtigen Basaltgangs umgewandelt, und am Stellberg hat das 8 — 12 m mächtige Intrusivlager 3 — 3½ m des 5 m mächtigen Flötzes veredelt.

Bei beiden Vorkommen liegen die Kohlen an den seitlichen
Grenzen des Eruptivkanals selbst: an ihnen entlang sind stets

[1]) Muck, Steinkohlenchemie. Bonn 1881. S. 29.
[2]) Vergl. S. 9.

neue Magmamassen nachgeschoben worden, welche continuirlich
einen Theil ihrer Wärme an das Nebengestein abgaben und zugleich die Bildung von seitlichen Erstarrungskrusten verhinderten.

Dagegen sind die Contactflächen selbst am Meisner und
Stellberg am ausgedehntesten, sodass das Hirschberger Edelkohlen-
vorkommen verhältnissmässig das unbedeutendste ist.

Die aus den Braunkohlen entstandenen Umwand-
lungsproducte sind einmal solche Kohlen, welche durch die
Hitze der Basaltmassen lediglich ihres Wassergehalts beraubt und
unter den Druckwirkungen derselben verdichtet worden sind, deren
Structur, sowie im Allgemeinen auch die chemische Constitution
dagegen unverändert geblieben sind.

Diese Kohlenart, welche die entfernter vom Basalt gelegene
Zone der Edelkohlen repräsentirt, wird wegen ihrer im Vergleich
zu der Braunkohle dunkleren, schwarzbraunen bis schwarzen Färbung »Schwarzkohle« genannt.

Dem gegenüber stehen diejenigen Kohlen, welche in Folge
ihrer geringeren Entfernung vom Basalt der Hitze mehr ausgesetzt
waren und unter deren Einfluss ihre chemische Zusammensetzung
geändert und in Verbindung hiermit ihre ursprüngliche Structur-
form verloren haben.

Diese Kohlenart soll wegen ihres von der ursprünglichen
Braunkohle gänzlich verschiedenen Habitus im Folgenden als
metamorphosirte Kohle bezeichnet werden [1]).

Zwischen den beiden genannten Kohlenarten finden sich die
verschiedentlichsten Uebergangsstufen.

Der Vorgang bei der Entstehung der metamorpho-
sirten Kohlen entspricht einer beschleunigten Destillation unter
Luftabschluss, wie sie bei der Verkokung der Steinkohlen vor
sich geht.

Durch diesen Destillationsprocess ist ein Theil des in den ursprünglichen Braunkohlen enthaltenen Wasserstoffs und Sauerstoffs

¹) Eine allgemeine Benennung für diese Kohlenart existirt zur Zeit nicht:
der auf den Hirschberger Bergwerken übliche Ausdruck Glanzkohle ist nicht
umfassend genug, während die auf dem Bergwerk Stellberg III gebräuchliche
Bezeichnung »Edelkohle« zu weit geht.

in Gestalt von Kohlenstoffverbindungen ausgetrieben worden; ein
kohlenstoffreicherer Körper, welcher stellenweise nach Zusammensetzung und Habitus dem Steinkohlenkoke ähnelt, aber stets reicher
als jener an flüchtigen Bestandtheilen ist, ist zurückgeblieben.
Die Intensität der Verkokung der Braunkohlen nimmt mit
der Entfernung vom Basalte ab.

Die entstandenen Destillate haben sich, falls ihnen überhaupt
Gelegenheit zum Entweichen geboten war, an anderer Stelle condensirt [1]).
Der Wassergehalt der Kohlen, welcher bei den gewöhnlichen Braunkohlen 30—50 pCt. beträgt, ist bei den Schwarzkohlen auf 8—20 pCt., bei den metamorphosirten Kohlen auf
2—10 pCt. hinabgegangen.

B. Die physikalischen Eigenschaften der einzelnen Kohlenarten.

1. Die Schwarzkohlen.

Die Schwarzkohlen entwickeln sich mit der Annäherung an
den Basalt allmählich aus der rothbraunen, porösen Braunkohle —
der sog. rothen Kohle — durch Verminderung des Wassergehalts
und Annahme grösserer Dichtigkeit, womit ein Wachsen des spe-
cifischen Gewichts verbunden ist [2]). Die Kohle wird fester und
stückreicher, der erdige Bruch etwas ebener und die Kanten der
Bruchstücke schärfer, die Farbe der Kohle dunkler. Die Structur
bleibt dagegen die ursprüngliche »Braunkohlenstructur«.

2. Die metamorphosirten Kohlen.

Auch der Uebergang von den Schwarzkohlen zu den metamorphosirten Kohlen vollzieht sich allmählich, dabei bei dem einen
Vorkommen schneller, bei dem andern langsamer.

Er beginnt mit der Ausbildung einer veränderten Struc-
turform, indem neue Absonderungsflächen senkrecht zur Contact-

[1]) Siehe hierzu S. 53.
[2]) Vergl. die Tabellen auf S. 50 und 51.

Fig. 6.

ebene auftreten. Diese letzteren sind zunächst nur undeutlich und spärlich vertheilt; mit der Annäherung an den Basalt werden sie allmählich ausgesprochener und häufiger, bis sich zuletzt einzelne Individuen ausscheiden. Dieser Vorgang ist besonders gut bei dem Stellberger Vorkommen zu verfolgen.

Verbunden mit der Structurveränderung ist eine Verdrängung des gesammten ursprünglichen Aussehens.

An Stelle des erdigen Aeusseren der Braun- und Schwarzkohlen tritt ein mehr mineralischer, metallartiger oder schlackiger, seltener Steinkohlen-ähnlicher oder anthracitischer Habitus.

Die Farbe wird braunschwarz oder blauschwarz bis tiefschwarz, der Bruch muschelig bis splittrig; die Bruchstücke sind scharfkantig; auf den Bruchflächen zeigt sich ein mehr oder minder lebhafter Glanz; das specifische Gewicht nimmt stetig zu [1]); Festigkeit und Härte wachsen.

In der Nähe des Basalts zerfällt die bis dahin zusammenhängende Kohle verschiedentlich in einzelne Individuen, die sog. Stangenkohlen (siehe Fig. 6 und 7).

Letztere Kohlenart bezeichnet das Extrem der Umwandlung und dürfte, gleich den Steinkohlenkokes, als Erstarrungsproduct einer teigig-flüssigen Masse anzusehen sein.

Es sind säulenförmige Gestalten mit einem von wenigen Millimetern bis 2 und mehr Centimetern, bei der Annäherung an den Basalt abnehmenden Durchmesser; sie besitzen am Meisner und Hirschberg gewöhnlich den Querschnitt eines Fünfecks oder Sechsecks, während sich am Stellberg mehr flache, parallelepipedische Formen finden.

Die Stangenkohlen der ersten beiden Vorkommen geben vielfach im Kleinen das Bild einer Basaltsäulengruppe. Stellenweise liegen sie als gerade Säulen dicht neben einander; an andern Stellen sind sie unter dem Druck des Basalts gekrümmt, und sind dann die einzelnen Individuen von einander getrennt.

Der gegenseitige Zusammenhang fehlt zuweilen gänzlich.

---

[1]) Vergl. S. 50 und 51.

Das Aussehen der Stangenkohlen ist verschieden, bald matt
anthracitisch oder graphitähnlich, bald metallisch-glänzend. Selten
finden sich inmitten der bröckeligen Stangenkohle grössere feste
Stücke von schlackigem Aussehen. Der Bruch der Stangenkohlen ist kleinmuschelig; auf den
Bruchflächen erscheint bisweilen die sog. Augenstructur.

3. Die Pechkohlenstreifen.

In der Region der veredelten Kohlen, der Schwarzkohlen sowohl wie der metamorphosirten Kohlen, finden sich auf den meisten
Flötzen, aber nicht ·überall, parallel der Schichtung streifenförmige
Partien, welche durch dunklere Färbung, auffallenden wachs- und
fettartigen Glanz und ebenere glatte Bruchflächen vor ihrer Um-
gebung hervortreten, und deren Vorkommen wesentlich dazu bei-
trägt, die Uebergänge zwischen den einzelnen Kohlenarten zu ver-
wischen. Diese Kohlenstreifen sind fester und zusammenhängen-
der, als die übrige Kohle und werden auch von der metamorphischen
Structur in geringerem Maasse als die letztere betroffen; beim Zerschlagen zerspringen sie in parallelepipedische, scharfkantige Stücke.
Ueber dem Lichte entzünden sie sich und brennen mit russender
Flamme. Ihr asphaltähnliches Aussehen hat ihnen den Namen
»Pechkohlen« gegeben.

Diese Pechkohlenstreifen bestehen aus verkohlten
Holzresten, welche innerhalb der jetzt dichten und erdigen
Grundmasse der Kohlen horizontal abgelagert wurden.

Die ursprüngliche Structur (Maserung, Rindentheile, Astan-
sätze etc.) lässt sich stellenweise vorzüglich erkennen, am besten
bei den Pechkohlen des Meisners, am wenigsten gut bei denen
des Stellbergs. Anderseits nimmt das Hervortreten dieser Eigen-
schaft, welche am deutlichsten in der Zone der Schwarzkohlen
erhalten ist, in den metamorphosirten Kohlen allmählich ab. Doch
lässt sich noch bei den Stangenkohlen das ursprüngliche holzige
Material in den glänzenderen Streifen der einzelnen Individuen
verfolgen.

Die jetzige Beschaffenheit der Pechkohlen dürfte vorzüglich
auf eine Verdichtung und Austrocknung der ursprünglichen Lig-

Physikalische Eigenschaften.

nite zurückzuführen sein; wie denn gewöhnliche lignitische Braunkohlen bei beschleunigter Trocknung ein Pechkohlen-ähnliches
Aeussere annehmen können.

Die Pechkohlenstreifen der metamorphosirten Braunkohlen
haben denselben Habitus, wie die Glanzkohlenpartien der
paläozoischen Steinkohlenflötze. Ebenso ist der Aschengehalt
bei beiden Kohlenarten verhältnissmässig gering[1]).

Eine Vergleichung von Pechkohlenstreifen aus den verschiedenen Edelkohlenzonen unter einander sowie mit einzelnen Glanz-
kohlenarten aus Steinkohlenflötzen bestätigt nur die Resultate,
welche von GÜMBEL[2]) auf dem Wege der mikroskopischen Untersuchung gefunden hat. Nach demselben sind die Unterschiede
zwischen den Glanz- und Matt-Kohlenstreifen der älteren Kohlen
lediglich auf genetische Ursachen zurückzuführen; in den Glanzkohlen herrschen Rinden- und Holztheile, in den Mattkohlen weniger derbe Pflanzentheile vor.

Die in den im Hirschberger Basaltgang eingeschlossenen
Kohlenputzen auftretende Pechkohle enthält zuweilen unbedeutende
Hohlräume. Eine vollkommen blasige Pechkohle mit unver-
kennbaren Schmelzungserscheinungen wurde ganz vereinzelt auf
dem Flötz No. 3 des Bergwerks Marie am Hirschberg gefunden.

4. Besondere metamorphosirte Kohlenarten von localer Verbreitung.

Die Meisner-Glanzkohle.

Eine eigenthümliche Umwandlung haben die an der oberen
Grenze des Kohlenlagers am Meisner vorherrschenden lignitischen
Bestandtheile erfahren.

An ihrer Stelle findet sich jetzt die sogenannte Glanzkohle.
Dieselbe tritt, analog dem Vorkommen der Pechkohlen, in einem
parallel den Schichten liegenden, gewöhnlich 0,2 – 0,25, selten bis
0,5 ᵐ mächtigen, verschiedentlich unterbrochenen Streifen auf.
Nach unten hin nimmt der Glanzkohlenstreifen mehr das Aussehen

[1]) Vergl. MECK. Steinkohlenchemie. S. 11.
[2]) Die Texturverhältnisse der Mineralkohlen. Sitzungsberichte d. math. phys.
Klasse d. Königl. bayr. Akad. d. Wiss. zu München, 1883, S. 195.

der gewöhnlichen Pechkohlen an, während er nach oben allmählich in Stangenkohlen übergeht.

Die Glanzkohle hat einen glasigen, obsidianähnlichen Habitus, sodass die anderweitige Bezeichnung »Glaskohle« mehr berechtigt ist.

Vom Obsidian unterscheidet sie sich durch den Bruch, der kleinmuschlig mit concav gekrümmten Flächen auftritt. Die Bruchkanten sind scharf, die Kohle selbst spröde und von bedeutender Härte; beim Zerschlagen zerspringt sie in kleine, vielkantige Stücke. Die Färbung ist tiefschwarz. Auf den Bruchflächen finden sich, wie bei gewissen Steinkohlenkokes, bunte Anlauffarben.

Das ursprüngliche Pflanzengewebe ist, wie die mikroskopische Untersuchung ergab, vollständig zerstört. Dagegen hat sich die Holzstructur auf einzelnen Absonderungsflächen erhalten.

Das Auftreten von geflossener Structur lässt auf einen ehemalig teigartigen glutflüssigen Zustand schliessen, der mit der Nähe des Basaltergusses zusammenhängt.

Es hat den Anschein, als ob sich die geflossene Structur stellenweise in den Gleisen der ursprünglichen Maserung bewegte.

Andererseits gab der flüssige Zustand Veranlassung zu einer eigenthümlichen Ausbildung von sogenannten Augen. Dieselben bestehen bei der Meisner Glanzkohle aus einem System

Fig. 8.

excentrischer, ringförmiger, bunt angelaufener Wulste, deren Stärke nach der Aussenseite des Auges hin zunimmt.

Diese Kohlenart tritt nur auf dem Meisner auf; bei den anderen Vorkommen findet sie sich nicht. Als einigermaassen glanzkohlenähnlich dürften einzelne glänzende Pechkohlenpartien vom Stellberger Flötze, welche aus der nächsten Nähe des Basalts stammen, zu bezeichnen sein.

Die Hirschberger Putzenkohle.

Einen ebenfalls eigenartigen Habitus besitzen diejenigen Kohlen der Hirschberger Flötze, welche inmitten des Basaltgangs eingeschlossen liegen. Derselbe ist in erster Linie, wie durch die chemische Untersuchung bestätigt wurde [1]), auf den Umstand zurückzuführen, dass die in diesen Kohlen entwickelten Destillate nicht entweichen konnten und daher in den eingeschlossenen Putzen zurückgeblieben sind.

Die Putzenkohlen unterscheiden sich von den übrigen metamorphosirten Kohlen vor allem durch ihre grössere Härte und Festigkeit und den innigeren Zusammenhang; besonders die kleineren, im Basalt versprengten Kohlenputzen sind von bedeutender Festigkeit.

Die Structur der Putzenkohle ist gewöhnlich braunkohlenähnlich; die Kohle hat aber dann stets ein mehr oder weniger schlackiges Aussehen. Seltener finden sich Varietäten mit vollständigem Steinkohlen-, bezw. Kohlenblende-Habitus.

Die ursprünglich lignitischen Bestandtheile sind auch in der Putzenkohle als Pechkohlenbänder ausgebildet; ebenso finden sich an den Berührungsflächen mit dem Basalt zuweilen Stangenkohlen, welche sich durch Festigkeit und Zusammenhalt der einzelnen Individuen auszeichnen.

C. Die Verbreitung der verschiedenen Edelkohlenarten auf den einzelnen Kohlenlagerstätten.

1. Am Meisner.

Zwischen der oberen Grenze des Kohlenlagers und der Basaltdecke liegt der Schwühl, ein durch die Einwirkungen der letzteren umgewandelter, kohlehaltiger, schwefelkiesreicher Thon,

[1]) Siehe S. 50.

welcher nach unten unter Zunahme der kobligen Bestandtheile
gewöhnlich allmählich in das Kohlenlager übergeht.

Die oberen Lagen des Schwühls, welche weniger reich an
Kohlegehalt waren, sind zu festem, grauem oder schwarzem
Schieferthon verdichtet.

Der untere Schwühl ist stengelig abgesondert und besteht
aus einer bröckeligen, grusigen Masse, dem sog. Stangenschwühl.
Er ist reich an Sulfaten und wurde aus diesem Grunde früher
vereinzelt zur Alaunsiederei[1] verwandt[2].

Eine Analyse von Stangenschwühl ergab[3]:

$$C = 23,10$$
$$H = 1,22$$
$$O + N = 6,84$$
$$Asche = 68,84$$
$$\overline{100,00.}$$

Zu der Dicke der überlagernden Schwühlschicht steht die
Mächtigkeit der umgewandelten Kohlenpartie in umge-
kehrtem Verhältnisse.

Letztere setzt sich im Bransröder Revier aus folgenden
Kohlenarten zusammen:

Schwühl	$0-2^m$
Kurze Stangenkohle	$1-1,5^m$
» Glanzkohle	$0,2-0,5^m$
Schwarzkohle . . . ⌠ mit Pech- ⌡	$1,5^m$
verdichtete Braunkohle ⌡ kohlenstreifen ⌠	$1-2,0^m$
	$\overline{3,7-5,5^m.}$

In dem Schwalbenthaler Revier ist nur der oberste
Packen des Kohlenlagers von den Einwirkungen des Basalts betroffen worden.

---

[1] Schwohlerei; daher der Name: Schwühl.
[2] Die Rudera einer 1643 im Landenbacher Hohl errichteten Alaunsiederei
erwähnt Voigt in seiner mineralogischen Reise nach den Basalten und Braun-
kohlenwerken in Hessen. Weimar 1802.
[3] Ausgeführt im Laboratorium der Königl. Bergakademie zu Clausthal 1886.

Für diese Partie giebt C. Ey jun.[1]) nachstehende Zusammensetzung an:

Schwühl	$0 - 3$ m
Kurze Stangenkohle	$-1,5$ m
» Glanzkohle	$0, -0,2$ m
Schwarzkohle und verdichtete Braun-) kohle mit Pechkohlenstreifen .)	$0,5 - 3,4$ m
	$2 - 5,4$ m[2]).

Unter den Edelkohlen des Meisner herrschen die Stangenkohlen und die Schwarzkohlen vor.

Die ersteren sind am Meisner gegenüber den beiden anderen Kohlenvorkommen besonders mächtig entwickelt. Die ganze Stangenkohlenpartie besteht aus einer lockeren Masse, welcher beinahe jeglicher Zusammenhang fehlt, sodass sie beim Anhauen oft zugleich mit dem überlagernden Stangenschwühl in die Grubenbaue hinabrinnt.

Die obere Stangenkohlenschicht ist mehr grauschwarz mit matten Bruchflächen, die untere, an deren Zusammensetzung mehr holzige Bestandtheile betheiligt sind, blauschwarz und metallisch glänzend.

Pechkohlenstreifen finden sich vorzüglich in der oberen Region der Schwarzkohlen, nach den Glanzkohlen hin, entsprechend dem an dieser Stelle erwähnten Vorherrschen der lignitischen Bestandtheile in der Kohle. Die Pechkohlen zeigen durchweg sehr deutliche Holzstructur.

---

[1]) Hauptgrundriss des fiskalischen Braunkohlenbergwerks am Meisner.

[2]) Das von Schaub (Physikalisch-mineralogisch-bergmännische Beschreibung des Meisners Kassel 1790) für die Zone der Edelkohlen angegebene Profil, welches sowohl von Hundeshagen (Beschreibung des Meisners, Leonhard's Taschenbuch XI), wie von Beyschlag (Erläuterungen zu Blatt Allendorf) übernommen worden ist, entspricht nach meinen neueren Beobachtungen und den sehr zuverlässigen Angaben von C. Ey jun. der Wirklichkeit nicht. Beyschlag führt an:

Schwühl	0,2 — 1,5	m
Stangenkohle	. 0,3 — 1,25	m
Kleinmuschlige Glanzkohle	. . 0,6 — 5,0	m
Grossmuschlige Pechkohle . . .	0,2 — 1,0	m
Braunschwarze Kohle	. 0,2 — 1,0	m
	1,3 — 8.25	m.

2. Am Hirschberg.

Die Einwirkungen des Basaltgangs gehen auf dem Flötz
No. 1 und der Oberbank des Flötzes No. 2 der Zeche Hirschberg
am weitesten, während das aschenreiche liegende Flötz No. 3
in viel geringerem Maasse und die Letten- und Schwefelkies-reiche
Unterbank des mittleren Flötzes, sowie die unterlagernden Lebererze am wenigsten von ihnen betroffen worden sind.

Erstgenannte Flötzpartien sind bis 40 ^{m} zu beiden Seiten
des Ganges umgewandelt. Im südlichen Theil der Hirschberger
Mulde treten die Veredlungserscheinungen aus den Seite 22 er-
örterten Gründen nur in geringerem Umfange auf.

In der Region der veredelten Kohlen herrschen die Schwarzkohlen vor. Stangenkohlen finden sich nur in schmalen, 0,25
bis 0,75 ^{m} breiten Bändern an beiden Seiten des Basaltgangs; sie
gehen ziemlich unvermittelt durch glänzende Kohlenarten in die
Schwarzkohlen über [vgl. Fig. 6 und 7].

In den Flötzen No. 1 und No. 3 der Zeche Hirschberg, vor
allem in letzterem, treten Pechkohlenstreifen auf; im mittleren
Flötze No. 2 finden sich solche wegen des Fehlens lignitischer
Bestandtheile nicht. Die Putzenkohlen sind bereits Seite 43 beschrieben worden.

3. Am Stellberg.

Auf dem Stellberger Kohlenflötz tritt, im Gegensatz zu dem
Hirschberger Vorkommen, die Schwarzkohle an Quantität gegen
die metamorphosirte Kohle zurück.

Erstere Zone besitzt eine Mächtigkeit von 1—1½ ^{m}, letztere
von 2—2½ ^{m}.

Der Uebergang beider Kohlenarten in einander vollzieht sich
sehr allmählich durch Eintritt senkrechter Structurflächen. Durch
dieselben wird die Kohle in Individuen von ⌐‾‾‾⌐-förmigem Querschnitt getheilt. Stangenkohle ist verhältnissmässig nicht häufig.
Pechkohlenstreifen finden sich in allen Lagen der veredelten Kohlen,
sie besitzen einen stärkeren Glanz, als diejenigen der andern Koh-

lenvorkommen: ihre ursprüngliche Structur ist nur undeutlich erhalten.

Die metamorphosirte Partie setzt sich in ähnlicher Weise,
wie manche Steinkohlenflötze, aus einzelnen Packen von ab-
weichendem Aeusseren, die sich besonders durch den Glanz unterscheiden, zusammen: die Verschiedenartigkeit dieser Kohlenpacken
ist durch das Material, aus welchem sie zusammengesetzt sind,
bedingt. In der Nähe der Sohle finden sich häufig dichte, ganz
matte, russig aussehende Kohlenstreifen.

D. Die Veränderungen der chemischen Constitution der Kohlen.

Wie erwähnt, hat der Vorgang bei der chemischen Umwandlung der Braunkohlen in einer Destillation unter Luftabschluss
bestanden.

Diese Destillation ist nirgends so weit gegangen, dass die
Kohlen sämmtliche bei höherer Temperatur flüchtigen Bestandtheile
verloren hätten. Die letzteren sind vielmehr selbst im directen
Contact mit dem Basalt stets noch in gewissen Mengen in den
Kohlen enthalten, während sie mit der Entfernung von dem Basalt
stetig zunehmen.

Um die Einwirkungen der flüssigen Basaltmassen auf die chemische Constitution der Kohlen zu verfolgen, erscheint es am
zweckentsprechendsten, denselben Destillationsprocess im Kleinen
mit den verschiedenen Kohlenarten zu wiederholen.

Dieser Weg ist einmal bei weitem kürzer als die elementar-
analytische Untersuchung, dann aber auch aus dem Grunde der
letzteren vorzuziehen, weil er für die zu dem vorliegenden Zweck
erwünschten Vergleiche geeignetere Ergebnisse liefert [1]).

---

1) Vergl. Mück. Steinkohlenchemie. S. 6.

Die Destillation der einzelnen Kohlenarten wurde [1]) in kleinen, aus schwer schmelzbarem Glas angefertigten Kölbchen von nachstehender Figur vorgenommen.

Fig. 9.

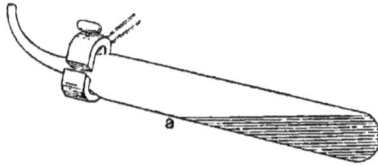

Die Weite der Kölbchen betrug 10 ^{mm}, ihre Länge ca. 80 ^{mm}. Ihr lang ausgezogener Hals wurde, um einen Verlust der bei der Erhitzung zum Theil in lebhafte Bewegung gerathenden Kohlen zu vermeiden, nach dem Einfüllen der Kohlen umgebogen, und seine Oeffnung bis auf diejenige Weite zugeschmolzen, welche zur Verhütung einer Verstopfung durch niedergeschlagene Destillate erforderlich war.

In ein solches Kölbchen wurden circa 2 Gramm der pulverisirten und bei 100°C getrockneten Kohle eingewogen und derartig vertheilt, dass die Kohlen nirgends den ganzen Querschnitt einnahmen; andernfalls trat bei der Gasentwicklung Stossen und ein Vorschleudern der Kohlen ein.

Die Erhitzung des am Hals in geneigter Lage eingespannten Kölbchens (siehe vorstehende Figur) geschah von dem vorderen Ende der Kohlen (a) aus nach hinten hin mittelst eines Bunsenbrenners.

Nachdem die Kohle durchgeglüht war, wurde sie in dem untersten Theile des Kölbchens zusammengeschüttelt, nochmals geglüht, und sodann die an den Wänden niedergeschlagenen Destillate mittelst zweier Brenner allmählich zur Spitze hinausgetrieben, wobei die Befestigung des Kölbchens wiederholt in der nachstehend veranschaulichten Weise geändert wurde.

Die Dauer der Destillation betrug pro Kölbchen ca. 1½ Stunden.

---

[1]) Nach verschiedenen fehlgeschlagenen Versuchen mit grösseren Retorten.

Um brauchbare Vergleichswerthe zu erhalten, wurde die Destillation der verschiedenen Kohlenarten unter möglichst denselben

Fig. 10.

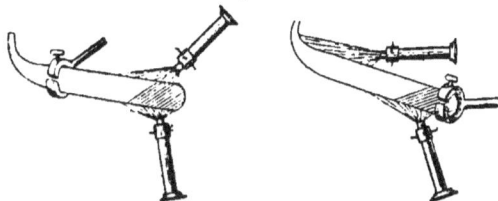

Temperatur- und Zeitverhältnissen vorgenommen, weil die Menge
des Kokesrückstandes von diesen beiden Factoren abhängig ist [1]).
Der Rückstand, der verschiedentlich an den Wänden der
Kölbchen anhaftete, wurde in diesen selbst gewogen.

Der Aschengehalt der Kohlen wurde aus den Destilla-
tionsrückständen durch Verbrennung derselben im Sauerstoffstrom
bestimmt. Die Kohlen selbst waren wegen der erwähnten Eigen-
schaft, zu spritzen, zu dieser Bestimmung nicht zu verwenden.

Ausserdem wurde das specifische Gewicht sämmtlicher
untersuchten Kohlenarten ermittelt. Zur Bestimmung wurden Pyk-
nometer angewandt.

Es erwies sich hierbei als erforderlich, die vorher getrockneten
und in der Luft gewogenen Kohlen in den Pyknometern selbst,
welche mit ausgekochtem und luftfreiem destillirten Wasser ge-
füllt wurden, durch Auspumpen von der anhaftenden und eingeschlossenen Luft zu befreien, weil die Braun- und Schwarzkohlen
bei dieser Procedur theilweise zu Pulver zerfielen.

Das Auspumpen geschah mit Wasserstrahlpumpen unter der
Glocke; es nahm bis zur vollständigen Entfernung der auftretenden Luftblasen bei den Pechkohlen und den metamorphosirten
Kohlen 12—24, bei den poröseren Schwarz- und Braunkohlen
48—72 Stunden in Anspruch.

Es wurden die in der nachfolgenden Tabelle aufgeführten
Kohlenarten untersucht, wobei sich die in Pos. 3 bis 5 zusammen-
gestellten Resultate ergaben.

[1]) Muck, a. a. O. S. 9.

Laufende Nummer	Bezeichnung der Kohlenart	Zusammensetzung der Kohle			Verhältniss des Kokesrückstands zu den Destillaten (auf Aschenfreie Kohle berechnet)		Spec. Gewicht
		Asche	aschenfreier Koke	flüchtige Bestandtheile			

1. Meisner Kohlen.

Laufende Nummer	Bezeichnung der Kohlenart	Asche	aschenfreier Koke	flüchtige Bestandtheile	Kokesrückstand	Destillate	Spec. Gewicht
1	Braunkohle (rothe Kohle)	7,47	44,59	47,94	48,19	51,81	1,188[1]
2	Schwarzkohle	6,50	47,76	45,74	51,08	48,92	1,247
3	Pechkohlenstreifen	3,17	53,83	43,00	55,80	44,20	1,318
4	Glanzkohle	4,86	89,77	5,37	94,36	5,64	1,374
5	Untere, glänzende Stangenkohle	16,14	73,10	10,76	87,17	12,83	1,516
6	Obere, matte Stangenkohle	22,97	63,80	13,23	82,82	17,18	1,533

2. Hirschberger Kohlen.

Laufende Nummer	Bezeichnung der Kohlenart	Asche	aschenfreier Koke	flüchtige Bestandtheile	Kokesrückstand	Destillate	Spec. Gewicht
1	Braunkohle von Zeche Hirschberg	8,94	42,08	48,98	46,21	53,79	1,204
2	Schwarzkohle von Fl. 2 der Zeche Hirschberg	6,24	55,72	38,04	59,43	40,57	2,268
3	Verhältnissmässig sehr reine Schwarzkohle mit	2,08	58,80	39,12	60,05	39,95	1,286
4	Pechkohlenstreifen. Fl. 1 der Zeche Hirschberg	2,30	64,64	33,06	66,16	33,84	1,322
5	Glänzende Pechkohle. Fl. 1 der Zeche Hirschberg	3,23	59,34	37,43	61,32	38,68	1,364
6	blasige Pechkohle. Fl. 3. Zeche Marie	0,94	55,84	43,22	56,37	43,63	1,291
7	Putzenkohle, hart, Schwarzkohlen-ähnlich. Fl. 1 ⎫ der	5,20	51,98	42,82	54,83	45,17	1,302
8	» » - Fl. 2 ⎭ Zeche	14,71	44,11	41,18	51,72	48,28	1,301
9	Putzenkohle weich, Steinkohlen-ähnlich. Fl. 1 ⎫ Hirsch-	10,80	53,46	35,74	59,93	40,07	1,313
10	» » - Fl. 2 ⎭ berg	5,98	66,28	27,74	70,50	29,50	1,397

3. Stellberger Kohlen.

1	Erdige Braunkohle	5,73	46,40	47,87	49,21	50,79	1,201 ²)³)
2	Schwarzkohle	6,84	50,33	42,83	54,02	45,98	1,252
3	Dichte, bituminöse Schwarzkohle	7,81	31,01	61,18	33,64	66,36	1,271
4	Edelkohle 1	8,31	36,13	55,56	38,41	60,59	1,265
5	» 2	8,08	37,80	54,12	41,12	58,88	1,277
6	» 3	3,78	57,81	38,41	60,08	39,92	1,272
7	» 4	11,49	75,13	13,38	84,88	15,12	1,424
8	» 5 glänzender Oberpacken	15,70	69,84	14,46	82,85	17,15	1,479
9	» 5 matter Unterpacken	16,82	68,59	14,59	82,46	17,54	1,561
10	» 6 matt. russig aussehend	3,50	83,91	12,59	86,06	13,94	1,315
11	» 7	10,99	73,25	15,76	82,29	17,71	1,438
12	Pechkohlenstreifen aus der Zone der Edelkohle 1	1,82	61,02	37,16	62,15	37,85	1,352
13	» » » » » » 3	1,63	57,63	40,74	58,58	41,42	1,360⁴)
14	» » » » » » 5	3,63	60,85	35,52	61,07	38,93	1,363

¹) Die Meisner-Kohlen 1—3, desgl. die Hirschberger Kohlen mit Ausnahme von No. 10, sowie die Stellberger Kohlen 1—6 und 14 wurden von kochender Kalilauge angegriffen.

²) Von den Destillaten waren bei 15° C. 60,25 pCt. gasförmig, 39,75 pCt. flüssig, bezw. fest.

³) conf. S. 53.

⁴) Von den Destillaten sind 58,4 pCt. flüchtig bei 15° C.

» » » » 38,6 » » » 250° C.

4*

Die Destillationsrückstände waren, mit Ausnahme einiger Pechkohlenarten, bei denen eine ganz schwache Sinterung zu beobachten war, pulverförmig.

Dieses Fehlen jeglicher stärkerer Sinterung wird zum Theil mit auf die vorherige Trocknung der Kohlen zurückzuführen sein. Der Aschengehalt der Kohlen, welcher bei den Braunkohlen zwischen 6 und 9 pCt. schwankt, nimmt in den Schwarzkohlen und den metamorphosirten Kohlen mit der Menge der ausgetriebenen Bestandtheile stetig zu. Etwaige Ausnahmen werden durch die ungleiche Beschaffenheit der verschiedenen Kohlenpacken hervorgerufen [1]. Das Maximum weisen die unteren Stellberger metamorphosirten Kohlen [2] mit 16,82 pCt. und die oberen Meisner Stangenkohlen mit 22,97 pCt. Asche auf. Im Allgemeinen sind die Stellberger Kohlen die aschenreinsten.

Die Pechkohlenstreifen und ebenso die Meisner Glanzkohlen sind, entsprechend der grösseren Reinheit ihres Materials, verhältnissmässig aschenarm.

Der Aschengehalt schwankte bei den untersuchten Proben zwischen 0,94 und 3,63, bezw. 4,86 pCt.

Wie der Aschengehalt, so wächst auch das specifische Gewicht der Kohlen constant mit der bei der Annäherung an den Basalt auftretenden Verdichtung der Kohlen und Anreicherung derselben an Kohlenstoff und Asche.

Die Pechkohlenstreifen machen eine Ausnahme, indem ihr specifisches Gewicht in den verschiedenen Zonen der Edelkohlen Schwankungen kaum unterworfen ist [3].

Die Menge des Kokesrückstands beträgt — hier, wie im Folgenden, stets auf aschenfreie Kohle bezogen — bei den untersuchten Braunkohlen 47—50 pCt.

Bei den Schwarzkohlen ist sie unbedeutend grösser.

Das Minimum an flüchtigen Bestandtheilen weisen die Glanzkohlen und die unteren Stangenkohlen des Meisners mit 5,64

---

[1] Vergl. Stellberg No. 6 u. 10.
[2] Stellberg No. 9.
[3] vgl. Stellberg No. 12—14.

bezw. 12,83 pCt., sowie die [1]) erwähnten russigen Varietäten der Stellberger metamorphosirten Kohle mit 13,94 pCt. auf.

Es hat den Anschein, als ob der vereinzelt hohe Kohlenstoffgehalt (insofern die Resultate der Destillation diesen Rückschluss überhaupt gestatten) dieser Kohlenarten auf eine bei ihrer Umwandlung erfolgte Anreicherung durch solchen Kohlenstoff zurückzuführen wäre, der aus der Zersetzung von Destillationsproducten in dieser, in bestimmter Entfernung vom Basalt gelegenen Region entstanden ist.

Die übrigen metamorphosirten Kohlen des Stellbergs, sowie die oberen Stangenkohlen des Meisners besitzen ziemlich denselben Gehalt an flüchtigen Bestandtheilen, nämlich circa 17 pCt. der aschenfreien Substanz.

Bei dem Stellberger Vorkommen konnte der Verbleib der aus den metamorphosirten Kohlen ausgetriebenen Bestandtheile nachgewiesen werden.

Die von diesem Vorkommen untersuchten Kohlen 1—11 geben ein vollständiges Flötzprofil. Die einzelnen, an einander anschliessenden Probestücke wurden vor Ort einer frisch aufgefahrenen Strecke und vor dem benachbarten Pfeiler entnommen. Die metamorphosirten Kohlen 11 — 7 sind ihrer flüchtigen Bestandtheile bis auf das erwähnte Residuum von circa 17 pCt. beraubt. In den überlagernden Kohlen 5—3 findet sich ein Maximum an Destillationsproducten. An dieser Stelle haben sich die in den unteren, dem Basalt näher liegenden Schichten verflüchtigten Bestandtheile condensirt. Die Kohlen 2 und 1 zeigen die ursprüngliche Zusammensetzung.

In den Hirschberger Putzenkohlen ist, wie die Resultate der Untersuchungen 7 — 10 ergeben, der grössere Theil der bei höherer Temperatur flüchtigen Bestandtheile zurückgehalten worden [2]).

Die Pechkohlenstreifen der verschiedensten Zonen zeigten bei der Destillation ziemlich dasselbe Verhalten. Der Kokesrückstand beträgt gegen 60 pCt.; das Maximum weist eine Hirsch-

<hr>

[1]) S. 47.
[2]) Vergl. hierzu S. 43.

berger Pechkohle mit 66,16 pCt., das Minimum eine Meisner Pechkohle mit 55,80 pCt. auf.

Letzterwähnte Hirschberger Pechkohle stammt von einem Kohlenstück, welches sich abwechselnd aus dichter und lignitischer Substanz zusammensetzt.

Die Untersuchung beider Kohlenarten ergab folgende Resultate [vgl. Seite 50, 2; No. 3 und 4]:

	spec. Gew.	aschenfr. Koke.	Asche.
dichte Schwarzkohle . .	1,286	58,80	2,04
Pechkohlenstreifen . . .	1,322	64,64	2,30.

Diese Resultate bestätigen die Annahme, dass die Verschiedenheiten der physikalischen Eigenschaften und der chemischen Constitution beider Kohlenarten in erster Linie auf die Verschiedenheiten des Materials, welches vorzüglich an ihrer Zusammensetzung betheiligt ist, zurückzuführen sind.

Auf die analogen Verhältnisse der Matt- und Glanzkohlenstreifen der Steinkohlen ist bereits Seite 41 hingewiesen worden.

Anmerkung. Belagstücke zu vorstehender Arbeit befinden sich in der Sammlung der Königlichen geologischen Landesanstalt und Bergakademie zu Berlin.

A. W. Schade's Buchdruckerei (L. Schade) in Berlin, Stallschreiberstr. 45/46.

Die Kohlenlagerstätte am Meissner.

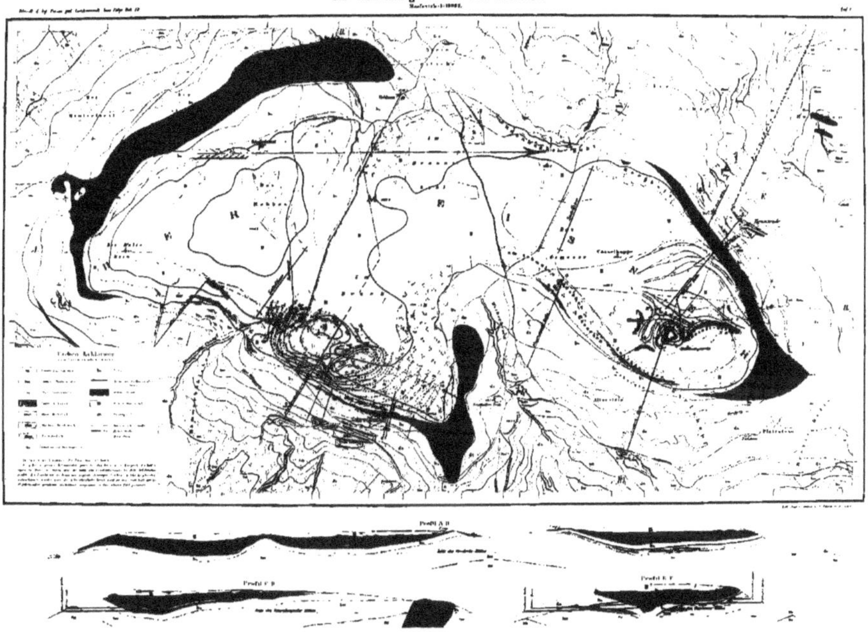

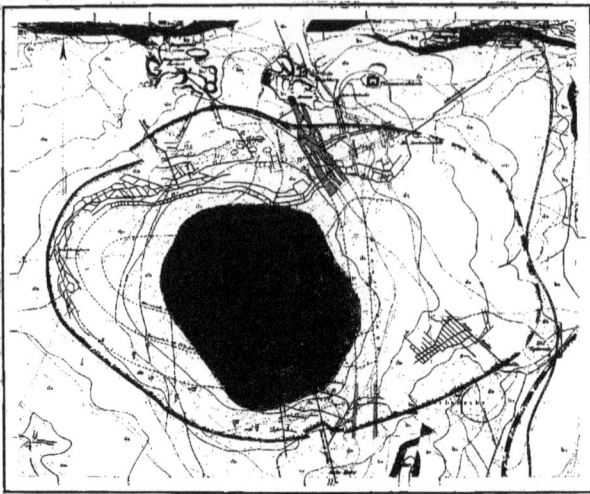

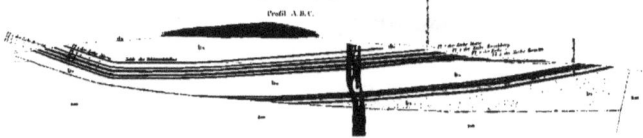

Profil A.B.C.

Die Kohlenlagerstätte am Stellberg.

Maaßstab 1:16000.

Profil A.B.

Veröffentlichungen der Königl. Preussischen geologischen Landesanstalt.

Die mit † bezeichneten Karten und Schriften sind in Vertrieb bei Paul Parey hier, alle übrigen bei der Simon Schropp'schen Hoflandkartenhandlung (J. H. Neumann) hier erschienen.

I. Geologische Specialkarte von Preussen u. den Thüringischen Staaten.

Im Maafsstabe von 1 : 25000.

(
Preis
{
für das einzelne Blatt nebst 1 Heft Erläuterungen . . . 2 Mark.
» » Doppelblatt der mit obigem † bez. Lieferungen 3 »
» » » » übrigen Lieferungen . . . . . . 4 »
)

				Mark
Lieferung 1.		Blatt Zorge, Benneckenstein, Hasselfelde, Ellrich, Nordhausen**), Stolberg	12 —
»	2.	»	Buttstedt, Eckartsberga, Rosla, Apolda, Magdala, Jena**)	12 —
»	3.	»	Worbis, Bleicherode, Hayn, Ndr.-Orschla, Gr.-Keula, Immenrode	12 —
»	4.	»	Sömmerda, Cölleda, Stotternheim, Neumark, Erfurt, Weimar	12 —
»	5.	»	Gröbzig, Zörbig, Petersberg	6 —
»	6.	»	Ittersdorf, *Bouss, *Saarbrücken, *Dudweiler, Lauterbach, Emmersweiler, Hanweiler (darunter 3 * Doppelblätter)	20 —
›	7.	»	Gr.-Hemmersdorf, *Saarlouis, *Heusweiler, *Friedrichsthal, *Neunkirchen (darunter 4 * Doppelblätter) . .	18 —
»	8.	»	Waldkappel, Eschwege, Sontra, Netra, Hönebach, Gerstungen	12 —
›	9.	»	Heringen, Kelbra nebst Blatt mit 2 Profilen durch das Kyffhäusergebirge sowie einem geogn. Kärtchen im Anhange, Sangerhausen, Sondershausen, Frankenhausen, Artern, Greussen, Kindelbrück, Schillingstedt	20 —
»	10.	»	Wincheringen, Saarburg, Beuren, Freudenburg, Perl, Merzig	12 —
»	11.	» †	Linum, Cremmen, Nauen, Marwitz, Markau, Rohrbeck	12 —
»	12.	»	Naumburg, Stössen, Camburg, Osterfeld, Bürgel, Eisenberg	12 —
›	13.	»	Langenberg, Grossenstein, Gera, Ronneburg	8 —
»	14.	» †	Oranienburg, Hennigsdorf, Spandow	6 —
»	15.	»	Langenschwalbach, Platte, Königstein, Eltville, Wiesbaden, Hochheim	12 —

**) Bereits in 2. Auflage.

———

II. Abhandlungen zur geologischen Specialkarte von Preussen und den Thüringischen Staaten.

(Fortsetzung auf dem Umschlage.)

Mark

Bd. VI, Heft 3. Die Fauna des samländischen Tertiärs. Von Dr.
Fritz Noetling. I. Theil. Lieferung 1: Vertebrata.
Lieferung II: Crustacea und Vermes. Lieferung VI:
Echinodermata. Nebst Tafelerklärungen und zwei Text-
tafeln. Hierzu ein Atlas mit 27 Tafeln . . . . . 20 —

» 4. Die Fauna des samländischen Tertiärs. Von Dr.
Fritz Noetling. II. Theil. Lieferung III: Gastropoda.
Lieferung IV: Pelecypoda. Lieferung V: Bryozoa.
Schluss: Geologischer Theil. Hierzu ein Atlas mit 12 Taf. 10 —

Bd. VII, Heft 1. Die Quartärbildungen der Umgegend von Magdeburg,
mit besonderer Berücksichtigung der Börde. Mit
einer Karte in Buntdruck und 8 Zinkographien im
Text; von Dr. Felix Wahnschaffe . . . . . . 5 —

» 2. Die bisherigen Aufschlüsse des märkisch-pommerschen
Tertiärs und ihre Uebereinstimmung mit den Tiefbohr-
ergebnissen dieser Gegend. Mit 2 Tafeln und 2 Profilen
im Text; von Prof. Dr. G. Berendt . . . . . . 3 —

» 3. Untersuchungen über den inneren Bau westfälischer
Carbon-Pflanzen. Von Dr. Johannes Felix. Hierzu
Tafel I—VI. — Beiträge zur fossilen Flora. IV. Die
Sigillarien der preussischen Steinkohlengebiete. I. Die
Gruppe der Favularien, übersichtlich zusammengestellt
von Prof. Dr. Ch. E. Weiss. Hierzu Tafel VII—XV
(1—9). — Aus der Anatomie lebender Pteridophyten
und von Cycas revoluta. Vergleichsmaterial für das
phytopalaeontologische Studium der Pflanzen-Arten
älterer Formationen. Von Dr. H. Potonié. Hierzu
Tafel XVI—XXI (1—6) . . . . 20 —

» 4. Beiträge zur Kenntniss der Gattung Lepidotus. Von
Prof. Dr. W. Branco in Königsberg i./Pr. Hierzu
ein Atlas mit Tafel I—VIII . . . . 12 —

Bd. VIII, Heft 1. † (Siehe unter IV. No. 8.)

» 2. Ueber die geognostischen Verhältnisse der Umgegend
von Dörnten nördlich Goslar, mit besonderer Berücksichtigung der Fauna des oberen Lias. Von
Dr. August Denckmann in Marburg. Hierzu ein
Atlas mit Tafel I—X . . . . 10 —

» 3. Geologie der Umgegend von Haiger bei Dillenburg
(Nassau). Nebst einem palaeontologischen Anhang.
· Von Dr. Fritz Frech. Hierzu 1 geognostische Karte
und 2 Petrefacten-Tafeln . . . . 3 —

» 4. Anthozoen des rheinischen Mittel-Devon. Mit 16 lithographirten Tafeln; von Prof. Dr. Clemens Schlüter 12 —

Bd. IX, Heft 1. Die Echiniden des Nord- und Mitteldeutschen Oligocäns.
Von Dr. Theodor Ebert in Berlin. Hierzu ein Atlas
mit 10 Tafeln und eine Texttafel . . . . . . 10 —

» 2. R. Caspary: Einige fossile Hölzer Preussens. Nach
dem handschriftlichen Nachlasse des Verfassers be-
arbeitet von R. Triebel. Hierzu ein Atlas mit 15 Taf. 10 —

» 3. Die devonischen Aviculiden Deutschlands. Ein Beitrag
zur Systematik und Stammesgeschichte der Zweischaler.
Von Dr. Fritz Frech. Hierzu 5 Tabellen, 23 Text-
bilder und ein Atlas mit 18 lithographirten Tafeln . . 20 —

Bd. X, Heft 1. Das Norddeutsche Unter-Oligocän und seine Mollusken-
Fauna. Von Prof. Dr. A. von Koenen in Göttingen.
Lieferung I: Strombidae — Muricidae — Buccinidae.
Nebst Vorwort und 23 Tafeln . . . . 20 —

III. Jahrbuch der Königl. Preuss. geolog. Landesanstalt und Bergakademie.

IV. Sonstige Karten und Schriften.

www.ingramcontent.com/pod-product-compliance
Lightning Source LLC
Chambersburg PA
CBHW020243090426
42735CB00010B/1811